어느 멋진 날

나만의 특별한 셀프웨딩촬영

셀프 웨딩촬영 카페 운영자 지아꼬가 알려주는
두근두근 설레는 DIY 웨딩사진 촬영의 모든 것!

어느
멋진
날
나만의 특별한 셀프웨딩촬영

지아꼬 & 규호짱 지음

soran books

Prologue

스물넷 신부, 어느 멋진 날
나만의 특별한 웨딩사진을 꿈꾸다

2009년 여름, 지아꼬는 규호짱에게 프러포즈를 받고 결혼을 꿈꾸게 되었다. 당시 지아꼬의 나이는 고작 스물넷. 대학을 갓 졸업한 어린 나이인지라 주위에 결혼을 하거나 준비 중인 친구는 한 명도 없었다.

어린 나이에 결혼이란 참으로 무서운 것이었다. 스물넷 처자가 가지는 결혼에 대한 환상은 20대 후반~30대 초반 결혼 적령기의 여성보다 그 스케일이 훨씬 컸다. 환상이 클수록 현실은 더 냉혹한 법. 식장은 물론이고 예물, 예단, 스드메 등 난생 처음 듣는 말들에 혼란스러웠고 그 혼란들이 현실을 직시하게 해주었다.

우리나라에서 결혼을 하려면 기둥뿌리를 뽑아야 한다는 말이 괜한 소리가 아니었다. 대학을 갓 졸업한 나, 그리고 규호짱 역시 계속해서 공부를 해왔기 때문에 소위 말하는 '있는 사람들' 처럼 수백만 원 하는 드레스를 입고, 연예인들이 가는 뷰티숍 원장님의 메이크업을 받고, 고급 스튜디오의 전문 사진작가에게 웨딩촬영을 맡기는 것은 불가능한 일이었다. 좀 더 저렴한 '스드메'를 찾아 여기저기를 헤맸지만, 우리 스타일에 딱 맞는 곳은 찾을 수 없었다.

결혼식 3개월 전. 스드메를 결정하지 못하고 망설이며 인터넷 정보만 찾아 헤매던 중, 한 장의 사진을 발견했다. 하늘하늘한 하얀 드레스를 입은 신부와 멋진 턱시도 차림의 신랑이 푸른 자연 속에서 서로를 바라보고 있었다. 여느 웨딩사진에서 봐왔던 억지 미소 대신에 은은하면서도 자연스러운, 진심으로 행복해서 나오는 미소가 사진에 번져 있었다. 특히 자연 속에 녹아든 두 사람의 모습은 정말 매력적이었다. 그 한 장의 사진이, 어쩌면 이 책을 쓰도록 이끌었는지도 모르겠다.

사람들은 말한다. 그 귀찮은 걸 왜 하냐고. 그저 전문 작가가 시키는 대로만 찍고 오면 편할 텐데, 사진의 퀄리티도 보장할 수 없는 일을 왜 사서 고생하느냐고. 하지만 그 사서 하는 고생이 수백만 원을 들여 판화 찍듯 찍어내는 스튜디오 촬영과는 비교할 수 없을 만큼 행복한 일이라는 걸 나는 알고 있다. 그리고 다행히도, 요즘에는 많은 사람들이 '셀프웨딩촬영'에 도전하고 그 기쁨을 누리고 있다. 2만 명 가까운 지아꼬 셀프웨딩촬영 카페 회원들을 봐도, 우후죽순 생겨나는 셀프웨딩 관련 쇼핑몰을 보아도 알 수 있다. 인생에서 가장 아름다운 순간에

틀에 박힌 웨딩촬영에서 벗어나 자신만의 고유한 사진을 남기고자 하는 부부들이 점점 늘어가고 있다.

많은 사람들이 내게 묻는다. 셀프웨딩촬영이 무엇이냐고. 그럼 나는 '최초의 가족사진을 남기는 일'이라고 대답한다. 인생에 단 한 번뿐인 웨딩사진이라서가 아니라, 내가 사랑하는 가족과의 생활을 고스란히 담은 첫 번째 가족사진이기에 누구의 손에도 맡기지 않고 직접 찍어야 그 가치가 더욱 빛나는 것이라고.

모든 일이 그렇듯, 셀프웨딩촬영은 녹록치 않다. 카메라 선택에서부터 장소 섭외, 드레스 준비, 메이크업, 소품 준비, 촬영, 인화, 후가공에 이르기까지, 모든 과정을 부부가 해나가야 한다. 결혼을 앞둔 부부는 정말 해야 할 일이 많다. 그 와중에 웨딩촬영마저 셀프로 진행하기란 결코 쉬운 일이 아니다. 하지만 힘든 만큼 잊지 못할 추억이 된다. 뻔한 스튜디오에서 억지스런 미소만 짓다 나오는 별 볼일 없는 추억과는 비교도 못할 만큼 특별한 추억이 선명히 남는다. 사진으로도 남고, 가슴 속에도, 머릿속에도 남는다.

셀프웨딩촬영을 하면서 나는 많은 것을 바라지는 않았다. 우리 부부의 개성이 그대로 담긴, 행복하고 웃음 넘치는 사진들을 남겼으면 하는 바람뿐이었다. 그리고 또 한 가지, 셀프웨딩촬영을 통해 절약한 돈으로 양가 가족들과 맛있는 식사 한 끼 푸짐하게 나눌 수 있다면 그것만으로도 충분하지 않을까.

마지막으로 언제나 사랑으로 우리 부부를 보듬어주시는 네 분의 부모님, 나의 소울메이트 양꼬, 촬영을 도와준 안짱, 새아 언니, 부르튼, 조카 다연이, 현수, 늘 응원해주셨던 블로그 이웃님들과 '지아꼬 셀프웨딩촬영' 카페 회원님들 감사합니다. 부족한 엄마지만 세상에서 나를 제일 사랑해주는 딸 아인이와 귀염둥이 아들 진표, 내 영원한 반쪽 규호짱에게도 하늘만큼 고맙고 또 바다만큼 사랑합니다.

지아꼬

Contents

004 **Prologue** 스물넷 신부, 어느 멋진 날 나만의 특별한 웨딩사진을 꿈꾸다

Part1 셀프웨딩촬영이란?

- 010 셀프웨딩촬영 vs 스튜디오웨딩촬영
- 014 셀프웨딩촬영의 장점
- 028 한눈에 보는 셀프웨딩촬영 Step 11

Part2 셀프웨딩촬영 노하우

- 034 **STEP 1 필요한 물건 준비하기**
  - 카메라
  - 드레스 & 턱시도
  - 웨딩슈즈
  - 헤어 액세서리
  - 부케
  - 촬영소품
- 084 **THEME 1 안 챙기면 후회할, 소소하지만 중요한 준비물**
- 086 **THEME 2 손쉽게 따라하는 셀프 헤어**
- 090 **STEP 2 내게 어울리는 사진 콘셉트 정하기**
  - 셀프웨딩촬영의 유형
  - 콘셉트북 만들기
  - 포즈 연습하기
- 118 **THEME 3 꼭 얼굴이 나와야 하는 것은 아니다**
- 120 **STEP 3 장소와 일정 정하기**
  - 촬영 시간대
  - 촬영 장소
- 130 **THEME 4 계절별 촬영 노하우**
- 132 **STEP 4 사진 찍기**
  - 카메라의 구성요소
  - 초점 맞추기
  - 줌 렌즈 100퍼센트 활용하기
  - 배경을 흐리게 하거나 선명하게 만들기
  - 흔들리거나 흔들리지 않거나
  - 태양, 제대로 활용하자

Part3 사진의 완성, 포토샵

- **152** STEP 1 포토샵 기본 정보
  - 포토샵, 어렵지 않아요
  - 포토샵이 뭐지?
  - 포토샵, 어떻게 구하지?
- **158** STEP 2 아주 간단하게 포토샵 끄적이기
  - 사진 밝기 조절하기
  - 감성이 몽글몽글 떠오르는 빈티지 효과
  - 포토샵 다이어트
  - 포토샵 메이크업
- **176** STEP 3 지아꼬의 특수 포토샵 강의
  - **182** **THEME 5 사진, 이렇게 활용하자**

Part4 셀프웨딩촬영 스토리

- **186** 꽃인 듯 꽃이 아닌 꽃보다 사랑스런 커플 _ 윤진벽♡김보라
- **190** 작은 떨림마저 향기로운 그 순간을 담다 _ 김병택♡배민영
- **194** 푸르름 속에 싱그럽게 빛나는 둘만의 이야기 _ 엄창운♡서해숙
- **198** 봄·여름·가을·겨울을 사랑의 빛으로 물들이다 _ 변상훈♡김보영
- **202** 보헤미안 연인처럼 자유롭게! _ 전형준♡박정은
- **206** 더 발랄하고 더 사랑스럽고 더 로맨틱하게! _ 김규용♡강연희
- **210** 영원히 간직할 찬란한 유산을 남기다 _ 윤강오♡이선아
- **214** 풋풋한 첫사랑이 영원한 사랑으로 _ 박건량♡이슬기
- **218** 어색한 표정마저 사랑스러운 커플 _ 이봉수♡권지혜

Part5 셀프가족촬영

- **224** 우리의 두 번째 가족 사진, 셀프만삭촬영
- **230** 최고로 특별한 만남의 순간, 셀프아기촬영
- **238** 감성 세 스푼, 사랑 다섯 스푼, 특별함 두 스푼, 셀프가족촬영

- **246** 우리나라 셀프웨딩촬영 추천 장소 100
- **250** 셀프웨딩촬영에 도움이 되는 좋은 곳

Part 1

셀프웨딩촬영이란?

셀프웨딩촬영의 정의? 따로 없다. 그저 사랑하는 사람과 예쁜 옷 입고, 카메라 들고 나가 서로의 사랑스런 모습을 앵글에 한가득 담는 것. 그것이 정의라면 정의다. 굳이 일반 촬영과 셀프웨딩촬영의 차이를 들자면, 인생에서 가장 사랑이 충만하고 아름다운 순간에 찍는 것이 셀프웨딩촬영이 된다고 말하고 싶다. 그럼 인생의 순간순간이 계속 사랑스럽고 아름답다고 느끼는 사람이라면? 매일매일 그 사람이 남기는 사진들이 셀프웨딩촬영이라고 하자. 정의는 붙이기 나름이다.

셀프 웨딩촬영 VS. 스튜디오 웨딩촬영

아직도 귀차니즘을 떨쳐내지 못하고 셀프촬영과 스튜디오촬영 사이에서 고민하는 커플들이 많다. 이들의 고민을 덜어주기 위해 셀프촬영을 진행한 지아꼬 커플과 스튜디오촬영을 진행한 커플의 실제 사례를 통해 두 촬영을 비교해볼 수 있는 코너를 준비했다.
전격 비교! 셀프촬영 vs. 스튜디오촬영!

셀프촬영		스튜디오촬영
일본 신혼집 앞, 주변 바닷가, 놀이터 등	**촬영 장소**	서울 논현동 'ㄷ'스튜디오
오전부터 해질녘까지	**촬영 시간**	총 5시간 **comment** 오후 촬영인데, 앞 타임에 진행한 커플의 촬영이 늦게 끝나 1시간 대기
모두 셀프 **comment** 친구가 도와주어 1시간 안에 준비	**메이크업 & 헤어**	서울 청담동 'ㅋ' 메이크업숍 **comment** 메이크업 및 헤어 준비 3시간

셀프촬영		스튜디오촬영
	드레스	
엔젤드레스라는 파티드레스업체에서 14만 원에 구입		서울 청담동 'ㄷ'드레스숍에서 대여. 흰색 드레스 2벌, 유색 드레스 1벌, 미니드레스 1벌 comment 미니드레스는 웨딩플래너 서비스
	준비사항	
신랑 정장, 커플 구두, 헤어장식, 부케와 화관, 카메라(캐논 EOS 5D mark Ⅱ), 삼각대		캐주얼 의상 1벌씩 별도 준비 (흰 셔츠, 면바지, 니트) 신랑 구두 구입 기타 소품은 스튜디오를 믿고 따로 준비하지 않았음 서브카메라로 Canon 500D 준비 점심 도시락 주문
	촬영 도우미	
신랑과 각자 친한 친구 한 명씩 총 2명 comment 신랑 친구는 마지막에 합류해 거의 신부 친구와 촬영		헬퍼 이모님 1분, 친구 2명 comment 헬퍼비 10만 원, 친구 2명에게 감사 선물
	총 촬영 컷수	
여러 곳에서 찍어 정확하지는 않지만 500컷 이상		500컷 정도 comment 원본파일 CD로 수령시 20만 원 추가. CD로 수령하지 않으면 앨범에 들어갈 사진을 직접 선택할 수 없고, 스튜디오에서 임의로 선택해 만들어준다고 함.
	마음에 든 사진 컷수	
100컷 이상 comment 얼굴이 나오는 사진보다 분위기 위주의 이미지 컷이 좋았음.		15컷 정도 comment 작가에게 받은 사진보다 같이 촬영에 동행한 친구가 찍어준 사진이 더 괜찮았던 것도 많았음.

	셀프촬영		스튜디오촬영

보정

셀프촬영: 인터넷이나 서적을 통해 포토샵 공부를 해서 직접 보정

스튜디오촬영: 앨범에 들어갈 사진은 스튜디오에서 보정해줌. 단, 보정된 파일을 수령하고 싶으면 5만 원 추가

액자 및 앨범

셀프촬영: 고속터미널 지하를 돌아다니며 마음에 드는 액자 10개를 약 10만 원에 구입

스튜디오촬영: 액자비 35만 원. 앨범(기존 20p) 2p 추가 6만 원

comment 기본 옵션으로 무료 제공되는 액자는 유리도 없고 프레임도 기본 형식이라 후에 사진 손상이 심하다고 함. 괜히 걱정되어서 금액 추가해 액자 변경

사진 인화

셀프촬영: zzixx라는 사이트에서 인화.
사진 크기별로 가격은 달랐고 사진은 하루 만에 배송되었음.

스튜디오촬영: 온라인 사진인화 사이트에서 1장(3*5 사이즈)당 80원 정도에 인화함.

촬영 분위기

셀프촬영: 친한 친구와 함께 여행하면서 기념사진 찍듯이 편하게 촬영을 시작함. 처음에는 많이 어색하고 창피했으나 틈틈이 카메라를 확인하고 친구의 의견을 수렴하며 촬영하니 표정이나 자세가 점점 자연스러워짐.
사진작가가 아무리 잘 이끌어나가도 모르는 사람 앞이라면 굳었을 듯한데 친한 친구 앞이라 편하고 재미있게 촬영할 수 있었음.
그래서 어느 사진보다 표정만큼은 자연스러움. 친구라서 사소한 것까지 지적해주는 것이 좋았고 바로바로 확인하며 나의 단점을 고칠 수 있었음. 막판엔 자신감이 생겨서 "다음에 또 찍자" "언제 찍을까?" 하면서 재미있게 마침.

스튜디오촬영: 남들 앞에서 사진을 찍기가 많이 어색했지만 사진작가가 위트 있게 이끌어주어 웃으며 촬영할 수 있었음. 단, 내가 찍힌 사진을 일일이 확인할 수 없어 어떻게 나왔는지 확인이 불가능. 쉬는 타임에 친구가 서브카메라로 찍어준 사진들을 보며 대충 표정이나 자세정도만 파악.
소품은 생각보다 예쁘지 않았음. 사람들이 사용한 흔적이 많이 보여 아쉬웠음.
3시간쯤 지나자 지치기 시작. 카메라 앞에 서면 저절로 입꼬리가 올라간 상태로 근육이 경직됨. 같이 동행해준 친구들조차 힘들어했음.
마지막 캐주얼 컷을 찍을 때는 '잘 찍자'는 마음보다 '빨리 찍고 끝내자'는 마음이 더 강했음.

셀프촬영

사진을 확인했을 때 느낌

생각보다 너무 잘 나와서 놀랐음. 사진을 컴퓨터에 띄우던 순간 셀프웨딩촬영을 한 게 정말 다행이었다고 생각함.

스튜디오촬영

촬영 때 사진작가는 분명 "좋아요, 잘 나왔어요."라고 말해주었는데, 내 마음에 들지 못한 사진이 훨씬 많았음. 전체 사진 중 마음에 드는 사진을 선택하는 것이 정말 힘들었음.

총 경비

드레스	15만 원
정장	30만 원
커플구두	5만 원
부케화관	6만 원
헤어장식	3만 원
액자	10만 원
사진인화	2만 원
식비	10만 원

총 81만 원

* 드레스와 구두, 헤어장식, 부케는 '지아꼬 셀프웨딩촬영' 카페를 통해 회원들에게 2~3회 대여. 그 덕분에 10만 원 정도 수익이 발생함.

웨딩업체 '스드메' 패키지	210만 원
헬퍼비	10만 원
간식비	11만 5000원
캐주얼 구입	24만 원
신랑 구두	15만 원
친구 선물	6만 원
원본 CD	20만 원
보정 파일 수령	5만 원
액자비	35만 원
앨범 2p 추가비	6만 원
사진 인화비	1만 3000원

총 333만 8000원

스드메는 스튜디오 촬영, 드레스 대여, 메이크업과 헤어를 묶어 부르는 말. 보통 본식 촬영은 제외, 본식 드레스와 메이크업은 포함한다.

셀프웨딩촬영의 장점

앞서 스튜디오촬영과의 전격 비교를 통해서도 알 수 있듯이, 셀프웨딩촬영은 귀차니즘을 달고 사는 커플을 제외한 대부분 사람들에게 단점보다 장점이 더 많은 촬영이다. 이 책을 보는 독자들이라면 누구나 공감할 내용이지만, 아직도 셀프웨딩촬영에 대해 반신반의 하는 사람들을 위해 장점을 9가지만 설명한다.

1. 알뜰한 웨딩촬영

"셀프웨딩촬영을 해서 절약한 100만 원
넘는 돈으로, 양가 부모님 리마인드 웨딩촬영을
해드렸어요. 정말 기뻐하시더라고요."

많은 커플이 한 목소리로 외치는 셀프웨딩촬영의 장점은 단연 경비 절감이다. 어떻게 촬영을 하느냐에 따라 경비 절감의 정도는 달라지지만, 카페 회원들의 실전 사례 중에는 1만 원도 채 되지 않는 경비로 촬영을 끝낸 커플도 있었다.
옷장을 뒤적여 하얀 원피스를 꺼내 입고, 집에 꽂혀 있던 조화를 부케 삼아 들고, 신랑은 최대한 단정한 옷차림을 하고 카메라만 들고 떠나면 셀프웨딩촬영이 된다. 이렇게 할 경우, 간단한 간식비나 교통비 정도로 충분하다. 물론, '웨딩촬영'이라는 인생 최고의 순간을 남기는 촬영이기에 조금 더 정성을 들여 준비하는 커플들이 대부분이긴 하다. 하지만 준비를 더 풍성히 하더라도, 실제로 업체를 통해 스튜디오촬영을 진행하는 것보다는 훨씬 저렴한 비용으로 촬영할 수 있다.

2. 우리만의 웨딩촬영

"남들과 똑같은 배경에서 똑같은 포즈로
 똑같은 표정을 짓고 촬영하고 싶지는 않았어요."

20대 중반에서 30대 중반까지 결혼 적령기의 사람이라면 동료나 친구들의 결혼식에 초대받는 일이 잦다. '이 사람은 어떻게 결혼을 준비했을까?' 하고 궁금해 하며 결혼식 주인공의 웨딩사진이나 동영상을 본다. 그런데 어라? 예전에 다른 커플의 결혼식 때와 똑같은 배경에서 똑같은 표정을 짓고 있다.
얼굴만 바뀐 것일까? 아니면 우리나라에는 저 스튜디오밖에 없는 것일까?
변화가 쉽지 않은 스튜디오촬영에 비해 셀프웨딩촬영은 그것을 실천한 커플 수만큼의 콘셉트가 있다. 아니, 그 두 배, 세 배만큼의 콘셉트가 계속 생겨날 것이다. 같은 장소에서 촬영을 하더라도 다른 분위기의 사진이 나올 수 있는 것이 셀프촬영만의 매력. 셀프웨딩촬영을 주장하는 사람들은 어떤 이유보다 그 개성있음에 큰 매력을 느낀다.
남과는 다른 나만의 웨딩사진. '누구처럼'이 아니라 '우리다움'이 물씬 풍기는 웨딩사진을 남길 수 있는 것. 그것이 바로 셀프웨딩촬영의 최고 매력인 것이다.

3. 여행을 떠나요

"연애하면서 제대로 된 여행을 떠나지 못해
 남자친구가 항상 미안해했어요."

오랜 연애를 했음에도 결혼 날짜를 잡기까지 제대로 된 여행을 해본 적이 없는 커플이 있었다. 커플은 망설임 없이 셀프웨딩촬영을 선택했다.
웨딩촬영을 핑계로 산, 들, 바다 등 자연은 물론이고 공원이나 먼 지방의 펜션까지 전국 곳곳을 여행할 수 있었다.
이들에게 남은 것은 사진만이 아니다. 결혼 전에 둘만의 추억이 전국 곳곳에 남았다.
셀프웨딩촬영을 통해서 이 커플은 여행이 결코 어려운 것이 아님을 몸소 깨달았다. 그들은 이제 마음만 먹으면 쉽게 여행을 떠나 자신들만의 추억을 만들 것이다. 더불어 그 추억에 비례하는 멋진 사진도 함께 남을 것이다.

4. 시간을 지배하다

"친구의 스튜디오웨딩촬영에 따라갔는데,
 두 시간 만에 지쳐버렸어요. 난 절대 그런 힘든
 촬영은 하지 않을 거라고 결심했지요."

스튜디오웨딩촬영을 해본 사람이라면 안다. 좁은 공간에서 두세 커플이 동시에 촬영을 하기 때문에 빠르게 포즈를 잡고 빠르게 표정을 지어야 한다. 한 곳에서의 촬영이 끝나면 바로 다음 장소로 빠르게 이동한다.
동선은 짧지만 이동 횟수는 엄청나다. 신부가 드레스를 한 번 갈아입고 머리를 정돈하면 10분은 금세 지나간다.
지쳐가는 커플을 뒤로하고 사진작가는 마음만 조급하다. 이 커플의 촬영을 남은 시간 내에 끝내지 않으면 다음 커플의 촬영에 지장이 생기기 때문이다.
주말, 인기 있는 웨딩촬영 스튜디오에서 얼마든지 벌어질 수 있는 일이다.
하지만 셀프촬영을 하면 절대 조급하지 않아도 된다.
이래저래 촬영에 참견하는 사람도 없고, 뒤에서 대기하고 있는 사람도 없다. 그저 둘만의 공간에서 둘만의 시간을 카메라에 담으면 된다. 피곤하면 쉬었다 해도 되고, 중간에 근사한 식사를 해도 상관없다. 하루 종일 촬영을 해도 힘들지 않을 것이다. 스튜디오촬영처럼 '후다닥' 해치우는 느낌이 아니라 정성 들여 '차곡차곡' 사진을 만들어가는 것이기 때문에 계속되는 작업도 즐겁기만 하다.

5. 친구들아, 어서와

"평소에 늘 같이 있는 친구들이지만
　　　셀프웨딩촬영을 통해서 끈끈한 우정을
다시 확인하게 되었어요."

"스튜디오촬영에서도 얼마든지 가능한 이야기예요." 라고 말하는 사람이 있을 수도 있겠다. 하지만 스튜디오웨딩촬영에서 친구는 그저 멀뚱멀뚱 서서 구경만 하는 존재라면, 셀프웨딩촬영 속 친구는 사진작가이자 보조촬영자, 소품관리자, 메이크업 아티스트, 코디네이터 등 다방면에서 활약할 만능인이다. 이렇게 만능으로 뛰어줄 친구가 바쁜 시간을 쪼개어 찾아와준다면? 그 친구와는 평생 우정을 다짐해도 된다.
몇몇 스튜디오에서는 친구 수를 제한하기도 한다. 친구가 많이 올수록 추가촬영도 더 해야 하고 스튜디오가 복잡해지기 때문이다. 하지만 셀프웨딩촬영이라면 친구는 많으면 많을수록 좋다.
친구들과 함께 하는 웨딩촬영은 단 둘이 가서 찍고 오는 웨딩촬영과는 또 다른 의미가 있다. 사랑은 결혼이라는 절차로 만인에게 확인받을 수 있지만 우정은 그렇지 않다. 하지만 나의 웨딩촬영에 기꺼이 참석해준 친구라면, 특히 '이 친구는 나를 어떻게 생각할까?' 하고 반신반의했던 친구가 와준다면, 더 이상은 망설이지 않아도 된다. 우정 검증은 그것으로 종료. 그리고 증거는 사진 한 장으로 남는다.
'친구야, 넌 내 인생의 가장 소중한 순간을 함께해준 정말 좋은 친구야.'

6. 네버엔딩 셀프웨딩촬영

"이른 아침, 집 뒤에 있는 공원으로
산책을 나가서 셀프웨딩촬영을 했어요.
늘 가던 공원이 이렇게 멋진 배경이 될 줄은 몰랐어요."

셀프웨딩촬영을 하는 사람들 대부분은 보통 한 번의 촬영으로 끝내지 않는다. 두 번, 세 번은 기본이고 매달 어디론가 셀프웨딩촬영을 떠난다. 심지어 결혼을 한 후에도 웨딩촬영을 계속 해나가는 사람도 있다. 한두 번 촬영을 하고 나면, 의상과 소품을 어느 정도 갖추어 추가 지출이 생길 일도 없다.

언제나 촬영할 준비가 되어 있기 때문에 어디서든 촬영 할 수 있는 것이다. 남편과 식사를 하다 뜬금없이 옷을 갈아입고 촬영하는 사람이 있는가 하면, 남편이 출근한 후 새로 장만한 커튼과 식탁을 배경으로 드레스를 입고 자신만의 웨딩촬영을 감행한 신부도 있었다.

"그건 그냥 사진촬영이지"라고 말하는 사람이 있을 수 있겠다. 뭐, 이름붙이기 나름 아닌가. 내가 사랑하는 사람과 행복감 가득한 표정으로 사진을 찍는다면, 그것에 '웨딩촬영'이라고 이름 붙인다면, 그걸로 충분하지 않을까? 셀프웨딩촬영 마니아들에게 촬영의 '끝'이란 없는 듯하다.

7. 자연스러움을 담다

"평소에 웃는 걸 잘 못해요.
 낯선 사람, 커다란 카메라 앞에서 웃으려니,
 웃어도 웃는 게 아니더라고요."

웨딩촬영을 하는 커플들 중 모델을 해본 사람은 몇이나 될까?
사람들 대부분은 카메라 앞에서 초보나 아마추어다. 특히 평소에는 입지 않던 옷을 입고 머리를 만지고 메이크업을 한다. 그 상태로 웨딩촬영이라는 거창한 이름을 의식하며 표정을 짓자니 자연스러워지기 힘들다. 사진작가가 아무리 "웃어보세요"라고 외쳐도, 내가 웃는 게 웃는 게 아닌 것이다.
스튜디오 조명과 커다란 카메라 앞에서 얼음이 되어버리는 사람이라도, 사랑하는 사람과의 자연스러운 모습을 담게 되면 한결 편안해진다. 우선 '촬영'이라는 거창한 이름이 '사진 찍기'라는 소박한 이름이 되는 순간, 부담감은 사라지고 표정은 자연스러워진다.
어차피 사진이라는 것이 곧 추억이 될 현재, 가장 평범한 우리 일상을 기록하고자 함이 가장 큰 목적이 아닐까. 사진을 어려워하는 사람이라면 더욱 셀프 웨딩촬영을 권하고 싶다. 가장 자연스러운 모습이 가장 아름다운 모습일 수 있기 때문이다.

8. 내가 제일 예쁘게 나오는 사진

"저는 옆모습보다는 정면이 나은 편인데,
 스튜디오촬영 사진의 80퍼센트가 옆모습 사진이었어요.
 고를 사진이 없더라고요."

요즘 사람들은 어떤 상황에서 자기 모습이 괜찮게 찍히는지 잘 파악하고 있다. 특히나 휴대전화나 디지털카메라로 사진을 찍는 것이 일상화 되었기 때문에 자신만의 얼짱 각도와 가장 예쁘게 나오는 촬영 요령을 알고 있는 경우가 많다.
그러나 스튜디오의 전문 사진작가에게 자기 방식을 강요할 수는 없는 노릇이다. 그들은 나보다 전문가이기 때문에 잘 찍어주리라 생각하지만, 내 자신이 예쁘다고 생각했던 각도나 포즈는 좀처럼 나오지 않는다. 사진작가가 만족하는 사진이라고 해서 내가 만족할 사진은 아닌 것이다.
셀프웨딩촬영을 하면 어떤 각도와 포즈가 나를 가장 빛나게 해주는지 잘 알기 때문에 스스로 포즈를 정하고 표정을 짓게 된다. 억지로 웃어보라는 사진작가의 강요도 없다. 자연스러움이 사진에도 그대로 반영되어 만족스럽게 나온다.
친구들이 찍어준 사진에서 만족하지 못하는 사람이라면, 내 사진은 셀카가 최고라고 말해온 사람이라면, 더이상 망설일 필요가 없다. 셀프웨딩촬영을 하자.

9. 사진 찍기의 달인이 되다

"하다 보니 늘더라고요. 사진 찍는 기술도,
　　포즈 잡는 법도, 소품을 활용하거나 배경에
어울리는 분위기를 연출하는 방법도."

반복학습의 중요성은 셀프웨딩촬영에도 그대로 적용된다.
단발성 촬영인 스튜디오촬영에 비해 마음만 먹으면 얼마든지 다시 찍을 수 있는 셀프웨딩촬영은 촬영 횟수에 비례해 사진의 질도 점점 좋아진다. 더불어 커플 고유의 분위기나 콘셉트가 자연히 자리 잡게 된다. 그렇게 높아진 사진 실력은 훗날 수백만 원을 절약할 수 있는 기술이 될 것이다.
당장은 웨딩촬영만 생각하기 쉽지만, 앞으로 한 가정이 만들어지고 발전해가는 과정 곳곳에 사진이 필요한 순간이 온다. 허니문을 떠났을 때, 아이를 가져 만삭 사진을 찍어야 할 때, 갓 태어난 아이의 모습을 담고 싶을 때, 아이의 100일이나 돌 기념 촬영 때 등……. 수많은 기념일마다 번번이 스튜디오에 찾아가 사진을 찍기는 쉽지 않다. 거창한 사진이 아니라도 좋다면, 사진 자체보다 우리 가족의 추억 남기기가 더 소중하다면, 셀프웨딩촬영을 통해 갈고 닦은 실력으로 평생 가족의 역사를 기록해가도 좋을 것이다.

한눈에 보는 셀프 웨딩 촬영 Step 11

준비할 것도 많고 복잡해 보이는 셀프웨딩촬영. 하지만 순서대로 차근차근 해나가다 보면 의외로 준비가 간단하고 촬영도 어렵지 않게 진행할 수 있다. 이 책에서 설명할 과정 하나하나를 먼저 한눈에 보기 쉽게 정리했다. 셀프웨딩촬영이 그저 막연하게만 느껴지는 사람이라면 이 페이지를 통해 감부터 잡도록 하자.

01 굳은 결심하기

어떤 힘든 일이 있어도, 미래의 배우자가 많이 도와주지 않는다 해도, 주변 친구들이 스튜디오촬영을 격하게 예찬한다 해도, 내 소신대로 나만의 셀프웨딩촬영을 성공적으로 마치리라 굳게 결심한다. 주위 사람들의 의견이나 시선은 의식하지 말고 우선 배우자와 의견을 맞추는 것이 중요하다. 이 책에서 소개한 셀프촬영의 장점만 설명해도 충분히 동의하게 될 것이다.

02 자료 찾기

본격적으로 인터넷 검색을 시작한다. 어떤 장소에서 어떤 콘셉트로 찍을지, 열심히 찾는다. 모방은 창조의 어머니라 했던가. 특정 사진을 몇 장 골라 그대로 따라해도 된다. 남을 따라한 셀프웨딩촬영일지라도 얼굴과 분위기가 다르니, 결국 자신만의 색깔이 고스란히 녹아있는 개성 넘치는 산물이 될 수 있다.

03 장소 섭외하기

결정한 콘셉트에 따라 촬영 장소를 선정한다. 집 근처도 좋고, 사람들의 시선을 감당해낼 자신이 있다면 과감히 거리로 나가는 것도 좋다. 수목원이나 산 등 푸른 자연 속으로 들어가도 좋고 한적한 바닷가도 괜찮다. 많은 커플이 촬영을 핑계로 펜션을 빌리거나 먼 곳으로 1박2일, 2박3일씩 여행을 떠나기도 한다. 선택은 자유다.

04 일정 짜기

우선 결혼식에 쓸 액자나 포토테이블 제작을 고려해 최소 결혼 한 달 전에는 촬영을 끝내는 것이 좋다. 촬영할 때 구경꾼이 몰릴 가능성이 있기 때문에 주말보다는 평일, 낮 시간대보다는 인적이 드문 이른 새벽 시간을 권한다. 하지만 사람이 많은 것도 개의치 않는다면 상관없다. 새벽 촬영을 목표로 했다가 괜히 피곤한 모습만 사진에 남길 수는 없지 않은가.

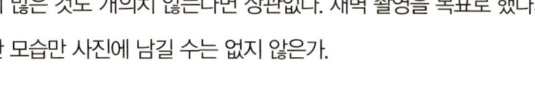

05 의상 고르기

드레스를 살지, 대여할지 혹은 정식 드레스 느낌으로 갈지, 캐주얼한 원피스를 드레스처럼 보이게 입을지, 아니면 대놓고 '나 캐주얼' 하고 외치는 의상을 입을지. 이 역시 선택은 자유다. 어떤 의상이든지 신부가 부케 하나만 들어주면 바로 셀프웨딩촬영이 될 수 있으니 말이다. 참, 간혹 자신의 의상에 눈이 멀어 신랑 모습은 보이지 않는 신부도 있다. 이왕이면 멋진 신랑의 옷도 같이 챙겨주자. 색상을 맞춰 코디한 커플 의상만으로도 셀프웨딩촬영에 딱 어울리는 분위기를 연출할 수 있다.

06 소품 준비하기

2단계에서 결정한 콘셉트를 떠올리며 필요한 소품을 준비한다. 단, 주의할 점은 지나친 소품 준비는 금전적인 리스크는 물론이요, 준비하는 사람에게 스트레스만 준다는 점이다. 그뿐 아니라 준비한 소품은 써먹어야 하는 법인데, 촬영 현장에서는 오히려 소품이 없는 사진을 더 많이 찍게 되는 경우가 있으므로 적당히만 준비하도록 하자. 선글라스나 비누방울 등 전체적인 분위기를 벗어난 이색 소품도 한두 가지 준비하면 더욱 재미있는 촬영이 될 수 있다.

07 친구 섭외하기

굳이 무리할 필요는 없는 단계이지만, 아무래도 주인공 둘이서 삼각대와 리모컨에만 의존해 촬영하려면 아쉬운 점이 많을 것이다. 이럴 땐 친구를 부르자. 이왕이면 사진도 잘 찍고 미적 감각도 뛰어난 친구가 좋다. 메이크업이나 의상 쪽에 감각이 뛰어난 친구라면 헬퍼 역할도 할 수 있어 금상첨화. 단, 친구라고 해서 너무 우정에만 의존하지 말고 적당한 사례금을 챙겨주도록 하자. 축의금을 감면해줘도 좋겠다. 촬영 후 근사한 식사를 대접하는 것은 개념 부부의 필수 덕목!

08 촬영 전날 준비

의상은 말끔히 정리가 되었는지, 빠진 소품은 없는지, 카메라 충전은 완벽하게 해두었는지, 간식은 제대로 챙겼는지 등, 체크리스트를 만들어 꼼꼼히 준비한다. 제대로 준비할수록 촬영이 원활하게 이루어진다. 촬영이 원할하게 이루어져야 촬영 분위기도 좋아지고 더불어 사진의 퀄리티도 높아진다.

09 촬영하기

가장 중요한 것은 타인의 시선을 의식하지 않는 것. 이 순간만큼은 세계 최고의 모델이 되었다는 생각으로 촬영에 임하자. 남의 시선을 의식하는 순간, 볼은 발개지고 표정은 굳어간다. 내 앞에 마주한 배우자의 얼굴만 바라보며 이 세상에는 오로지 행복만 존재하는 듯한 기분으로 촬영을 하자.

10 사진 고르기

보정을 감안해 뱃살이나 팔뚝살쯤은 적당히 무시하고 커플 얼굴이 최대한 예쁘게 나온 컷, 분위기가 좋은 컷 위주로 고르자. 멀리서 찍은 컷, 가까이에서 찍은 컷, 가로로 찍은 컷, 세로로 찍은 컷, 한 명씩 찍은 컷, 전신이 다 나온 컷, 얼굴만 나온 컷 등 구도가 다양한 사진을 고르는 것이 좋다.

11 사진 활용하기

웨딩사진은 활용 범위가 무한하다. 앨범은 기본이고, 결혼식장 입구에 세울 액자나 포토테이블을 만들 수도 있다. 요즘은 청첩장에 사진을 넣기도 하고 포스터나 퍼즐 액자, 블라인드 등 인테리어 소품에 활용하는 커플들도 있다. 열심히 찍은 사진이니 아껴두지 말고 후회 없이 마음껏 쓰자.

Part 2

셀프웨딩촬영 노하우

아는 만큼 좋은 사진을 남길 수 있는 법이다. 그동안 셀프웨딩촬영을 해오면서, 그리고 카페를 운영하면서 접했던 많은 정보와 경험들을 바탕으로 필요한 물건을 준비하는 것부터 콘셉트 잡기, 장소 섭외, 촬영 기법 등 실전을 위한 모든 정보를 담았다. 이제 여러분이 직접 활용할 차례! 지아꼬보다 멋진 콘셉트로, 규호짱보다 훌륭한 사진을 찍는 것은 결코 어려운 일이 아니다.

필요한 물건 준비하기

셀프웨딩촬영은 사전 준비가 중요하다. 특히 준비물만 잘 챙기면 절반은 해낸 것이나 마찬가지. 두 사람의 모습을 담아줄 카메라를 비롯해 드레스와 턱시도, 장신구와 소품들까지……. 스튜디오촬영이라면 필요한 소품이 대부분 갖추어져 있지만 셀프촬영은 모든 준비물을 신랑 신부가 직접 챙겨야 한다. 무엇부터 해야 할지 막막하다면 여기, 지아꼬와 규호짱이 알려주는 준비물 목록을 눈여겨보도록 하자.

카메라

셀프웨딩촬영의 No.1 준비물

셀프촬영에 있어 가장 중요한 물건은 두말할 것 없이 카메라다. 그렇다면 셀프웨딩촬영에는 어떤 카메라가 필요할까? 전문 사진작가들은 고급 카메라와 장비를 차 한대만큼은 갖추고 촬영을 한다. 그 때문에 평범한 DSLR이나 똑딱이 카메라로는 괜찮은 사진을 기대하기 힘들다고 생각하는 사람이 많다. 하지만 휴대전화에 장착된 카메라로도 셀프웨딩촬영은 얼마든지 가능하다. 물론 휴대전화 카메라로 사진을 찍어 전지 크기의 대형 인화까지 바랄 수는 없지만 컴퓨터 모니터나 디지털 액자에 담는 정도로는 전혀 문제가 없다.

카메라가 소박하다고 부끄러워하거나 쫄지 말 것! 예쁘고 멋진 웨딩사진은 예비 신랑 신부의 환한 미소에 의해서 결정되는 것이지, 비싸고 좋은 카메라가 결정해주는 것은 절대 아니다.

카메라의 종류

카메라 종류는 무궁무진하다. 세부적으로 나누면 나눌수록 끝도 없이 쪼개진다. 사진 박사 규호짱도 아직 열심히 공부하고 있을 정도니 말이다. 남녀노소 누구나 쉽게 사용할 수 있는 카메라들 중에서 셀프웨딩촬영에 적합한 디지털카메라를 간단히 분류해보았다.

① DSLR

SLR^{Single Lens Reflex} 카메라를 동일한 형태의 디지털^{Digital} 카메라로 만든 것을 DSLR이라고 말한다. 렌즈 하나^{Single Lens}로 촬영과 보는 것을 같이 하고 중간에 미러가 반사^{Reflex}시키는 역할을 한다. 렌즈 교환이 자유롭다는 것이 가장 큰 장점. 흔히 보급형, 중급형, 고급형으로 분류하는데 종류도 많고 가격도 40만~50만 원에서 1천만 원대까지 천차만별이다.

② 미러리스
말 그대로 DSLR에서 미러가 없는 카메라 형태다. 컴팩트한 사이즈라 여성들이 선호하는 편이다. 단, 교환할 수 있는 렌즈가 많지 않다는 단점이 있다.

③ 일반 디지털카메라
흔히 '똑딱이'라고 부르는 카메라로 휴대가 편하고 크기에 비해 화소도 높고 사진도 잘 나온다. 방수팩을 사용하지 않고도 물속에서 촬영이 가능한 방수 디지털카메라도 나오고 있다. 수동/반자동 모드에서는 DSLR에 비해 기능이 떨어지며 렌즈 교환이 불가능하다.

렌즈

렌즈는 크게 단렌즈와 줌렌즈로 나뉜다. 단렌즈는 화각 변화가 없는 고정화각 렌즈를 말하며 28mm, 50mm, 200mm 등으로 구분한다. 줌렌즈는 렌즈 하나로 화각을 변화시킬 수 있는 렌즈로 24-70mm, 70-200mm 등으로 구분한다.

어떤 카메라를 사야 할까?

디자인도 기능도 가격도 천차만별인 카메라. 수많은 카메라 중에서 어떤 것을 사야 할까? 난생 처음 단순한 추억 남기기용이 아닌, 정식 촬영을 위한 카메라를 사야 하는 예비 신랑 신부에게는 만만치 않은 고민거리일 것이다.

우선 좋은 게 좋은 것. 카메라는 비쌀수록 좋다. 단, 폼생폼사인 사람, 금전적 여유가 되는 사람, 무거운 카메라를 하루 종일 들고 다녀도 지치지 않을 튼튼한 팔과 체력을 가진 사람, 이 세 가지 조건에 모두 해당하는 사람에게만 값비싼 카메라 구입을 추천한다.

보통의 예비 신랑 신부에게는 실속 있는 보급형 DSLR을 추천한다. 고급형 DSLR을 살 여유가 되더라도 가급적이면 보급형을 사는 것이 좋다. 가장 큰 이유는 비쌀수록 무겁기 때문. 비싸고 좋으면서 가벼운 카메라는 없다.

무게 때문에 좋은 카메라를 구입하지 않는 게 말이 되냐고 반문하는 사람이 있을지도 모르겠다. 하지만 카메라는 TV나 에어컨처럼 집에 두고 쓰는 물건이 아닌, 사람이 손에 들고 다니며 사용하는 물건이다. 팔 힘 좋은 남성에게는 무게쯤 무시해도 무방한 요소일지 모르지만 여성들은 그렇지 않다. 설마 '난 남편이 다 찍어주니

좌 : 보급형, 캐논 550D, 18~55mm 번들렌즈, 무게 730g
우 : 중고급형, 캐논 EOS 5D Mark Ⅱ, 24~105mm L렌즈, 무게 1540g

까 괜찮아'라고 생각하는 신부가 있다면 다시 한 번 생각해보라. 남편이 언제까지고 곁에 붙어서 사진을 찍어줄 수 있는 전문 사진작가는 아니라는 사실. 훗날 아이를 키우다 보면 아내도 카메라를 만져야 할 시간이 많아진다.

웨딩촬영뿐만 아니라 허니문 촬영, 만삭 촬영, 자녀의 백일과 돌 촬영 등, 카메라는 인생의 중요한 시점마다 멋진 기록을 남겨줄 것이다. 이를 잊지 말고 부부가 함께 편하게 다룰 수 있을 정도로 가볍고 작동이 쉬운 카메라를 구입하는 것이 좋다.

렌즈 선택도 마찬가지다. 비싼 렌즈가 좋긴 하지만 문제는 무겁다는 것. 초보 사진가라면 욕심 부리지 말고 번들렌즈부터 시작하는 것이 좋다. 규호짱도 작업이 아닌 일상에서는 지아꼬가 가지고 있는 캐논 550D(번들렌즈)로 대부분 촬영을 한다. 보급형이 가볍고 편하기 때문이다. 사진의 시작은 번들렌즈로도 충분하다.

DSLR에 비해 충격에 강하고 가볍게 찍을 수 있는 일반 디지털카메라는 세컨드 카메라로 쓰기에 무난하다. 개인적으로 방수가 되는 디지털카메라를 추천한다. 예비부부들이 구입한 카메라는 분명 신혼여행지에서도 요긴히 쓰일 것이다. 맑고 깨끗한 바다나 리조트, 호텔 수영장 등, 허니문을 떠난 신혼부부들이 다니는 장소는 물이 있는 환경도 많다. 모처럼 큰 맘 먹고 장만한 카메라를 물에 빠뜨릴까 봐, 혹은 물기가 스며들까 봐 마음껏 사용하지 못한다면 너무 아깝다. 물론 최근에는 방수팩도 따로 나오고 있지만 사용 빈도에 비해 가격이 만만치 않다.

셀프웨딩촬영에 필요한 카메라 액세서리

① 삼각대
친구나 사진작가의 도움없이 둘만의 사진을 찍고 싶을 때 꼭 필요하다. 삼각대는 다리 부분과 머리 부분(헤드)으로 나뉘는데 따로 판매하며 세트로 구입할 수도 있다.
헤드는 볼헤드와 일반헤드로 구분되며, 일반적으로 DSLR에는 볼헤드가 편하다. 또한 헤드 부분에 카메라 탈착이 편한 장치인 퀵슈를 단 삼각대가 편리하지만 저가형은 퀵슈가 사진 흔들림의 원인이 되기도 한다.

② 리모컨
삼각대와 단짝이라 할 수 있는 리모컨. 타이머 기능으로 사진을 찍기 불편할 때 리모컨을 활용하면 좋다. 거의 대부분의 DSLR에서 리모컨을 사용할 수 있다.

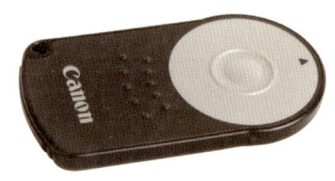

③ 카메라 가방
카메라 가방은 숄더형과 배낭형이 있다. 숄더형은 카메라를 쉽게 넣고 뺄 수 있는 게 장점이지만 오래 들고 다니기에는 불편하고, 배낭형은 그 반대다. 카메라 가방 안에는 카메라를 보호하는 쿠션이 들어간 속 가방도 있다.

④ 렌즈필터
렌즈 앞에 끼워 사진에 여러 효과를 주기도 하고 렌즈를 보호하는 역할을 한다. 가장 기본이 되는 것은 UV필터와 PL필터이다. UV$^{Ultra\ Violet}$필터는 사진에 안 좋은 영향을 주는 자외선을 차단하는 보호필터로, 다른 필터를 사용하지 않는 한 항상 끼우고 다닌다. PL$^{Polarized\ Light}$필터(편광필터)는 물체에 반사되는 빛을 제거해주는 필터로 유리창 반사나 물 반사를 줄여준다. 하늘을 더 푸르게 만들어주는 역할도 해서 풍경 사진에 많이 쓰인다. 한편 렌즈마다 크기가 다르기 때문에 필터도 렌즈 크기에 맞춰 사야 한다.

어떤 카메라 부속을 사야 할까?

●

삼각대는 가볍고 튼튼한 것이 좋다. 카본 소재가 가장 좋지만 일반인이 쓰기에는 가격이 많이 비싸고, 흔히 쓰는 알루미늄 삼각대도 일반 DSRL을 지탱하기에는 충분하다. 삼각대 무게는 1kg 정도가 적당하다. 삼각대는 넘어지지 않게 무게감이 있는 것을 구입하라고 말하는 사람이 있지만 그것 역시 체력 좋은 사람에게만 해당된다. 삼각대가 무거우면 점차 그 활용 횟수가 줄어들기 마련이다. 물론 가벼운 삼각대를 살 경우, 살짝만 건드려도 넘어지기 쉬운 게 단점이다. 이를 보완하기 위해 삼각대 중앙 기둥 하단부에 고리가 있는 것을 구입해 거기에 가방을 걸어두면 좋다. 가방이 하단을 든든히 받쳐주어 삼각대가 잘 넘어지지 않고 가방 보관도 용이해 일석이조의 효과를 누릴 수 있다.

카메라를 구입하면 반드시 UV필터를 끼워야 하는데, 이때 멀티 코팅된 것(MCW)을 사면 좋다. UV필터는 필터에 스크래치가 많이 생기면 버리고 새것을 자주 구입해 바꿔 쓰는 소모품이니 너무 비싼 것은 사지 않도록 한다.

드레스 & 턱시도

일생에 단 한 번뿐인 공주놀이

어릴 적 그렸던 그림에는 언제나 화려한 드레스를 입은 공주가 등장했다. 나는 백설공주의 알록달록한 드레스보다는 신데렐라의 우아한 벨라인 드레스가 좋았고, 한때는 잠자는 숲속의 미녀가 입은 하늘색의 도도한 느낌이 나는 드레스가 마음에 들기도 했다. 여자들은 어릴 적부터 이렇게 수많은 공주들을 보며 자신만의 아름다운 드레스를 꿈꾼다.

성인이 되고 결혼을 준비하면서 그 꿈꾸던 드레스를 입을 날이 다가왔다. 인터넷을 사흘 밤낮으로 뒤적이고 온갖 잡지를 들춰가며 맘에 드는 드레스를 '찜'한다. 운명의 D-day. 드레스숍을 찾아 꽉 끼는 코르셋의 압박을 견뎌내며 드레스를 입지만 어라, 상상했던 그 분위기가 나질 않는다. 이 순간을 위해 수개월 전부터 혹독한 다이어트를 하고 드레스가 잘 어울리는 뽀얀 피부를 만들고자 관리도 받았지만, 내 몸을 감싸고 있는 드레스는 대놓고 '내 것이 아님'을 표하고 있다.

20여 년을 꿈꿔왔던 나만의 공주놀이는 이대로 무너질 것인가. 도대체 이 드레스는 왜 나한테 어울리지 않는 걸까? 내 몸에 꼭 맞춘 듯한 나만의 드레스는 어디에 있는 것일까?

드레스를 고를 때의 마음가짐

줄곧 상상했던 드레스는 좀처럼 내 앞에 나타나지 않는다. 차라리 평범한 원피스라면 고민은 덜할 것이다. 머지않은 미래에 다른 원피스를 새롭게 구입할 가능성이 높기 때문이다. 하지만 드레스는 그렇지 않다. 연말 시상식마다 반짝이는 드레스를 입는 연예인도 아니고, 보통 사람들에게는 일생에 딱 한 번, 혹은 다섯 손가락에 꼽을 수 있을 만큼, 드레스를 몸에 걸치게 되는 기회는 한정적이다. 그런 기회의 희소성 때문에 드레스 고르기는 더더욱 쉽지 않다.

나는 결혼을 준비하면서 막연히 신데렐라 같은 벨라인 드레스를 입겠다는 환상에 잠겨 있었다. 하지만 정작 셀프웨딩촬영과 결혼식 당일에는 슬림한 머메이드라인의 드레스를 입었다. 체형과 스타일을 고려하지 않고 무작정 드레스숍에 가서 벨라인 드레스를 입어댔지만 내게 어울리는 것이 없었다. 열 벌이 넘게 입고 벗기를 반복한 후에야 벨라인 드레스보다는 슬림 드레스가 내게 잘 어울린다는 사실을 알게 되었다. 어떤 옷이든지 많이 입어봐야 어울리는 것을 찾아낼 수 있다. 드레스도 종류별로 많이 입어보면 나에게 가장 잘 어울리는 것을 고를 수 있지만, 일반 드레스숍에서는 입어볼 수 있는 드레스 수를 정해두고 이를 초과할 경우 비용을 받기도 한다. 1분 1초가 아까운 시간, 피팅을 위해 배에 잔뜩 힘을 주는 노력, 그리고 초과 비용을 줄이기 위해서라도 나의 체형에 어울리는 드레스가 어떤 스타일인지 정도는 미리 알아두는 것이 좋다.

드레스, 구입할까 vs 대여할까

결혼을 준비하는 사람들은 대부분 드레스 대여를 생각한다. 다양한 종류를 입어보고 전문가 조언을 참조해 고를 수 있기 때문이다. 값비싼 수입 드레스를 몸에 걸쳐보는 호사스러운 영광을 누릴 수 있는 것도 드레스 대여의 매력. 어차피 일상에서 드레스를 입을 일은 거의 없기 때문에 그냥 '입어보는' 것에 만족한다면 대여도 좋은 선택일 것이다.
하지만 요즘은 10만~20만 원대의 저렴한 웨딩드레스가 시중에 많이 나와 있다. 비싼 가격에 구입은 상상조차 하지 못했던 웨딩드레스도 이제 컴퓨터 앞에서 클릭만 하면 바로 받아볼 수 있다. 자신만의 웨딩드레스를 가지는 것은 여자들의 로망 중 하나다. 비싼 돈을 들여 남이 입던 드레스를 입는 것보다 저렴한 가격으로 자신의 몸에 딱 맞는 멋진 드레스를 가진다는 것, 생각만 해도 행복한 일이 아닌가.
결혼식 때 말고는 입을 일이 없다고 생각할지도 모르겠지만, 일단 나만의 드레스를 소장하게 되면 활용 방법은 무궁무진하다. 신혼여행을 떠나서 자신만의 드레스를 입고 아름다운 해변에서 스냅사진을 남길 수도 있고, 매년 결혼기념일마다 새로 결혼하는 기분으로 리마인드 웨딩촬영을 할 수도 있다. 친한 친구들끼리 좀 더 우아한 콘셉트로 우정 촬영을 하거나, 훗날 2세의 돌잔치 때도 활용이 가능하다.

드레스 구입 노하우

많이 저렴해졌다고는 하나 가격이 만만치 않기 때문에 드레스 구입은 신중해야 한다. 사진으로는 큼직한 디테일 이외에 소재까지는 세밀하게 보이지 않으므로 디자인 중심으로 고르는 것이 좋다. 드레스숍들 가운데는 직접 입어본 후 구입할 수 있는 곳도 많으니 업체와 상의해보도록 한다. 단, 인터넷으로 드레스를 구매할 경우 제작이나 해외 수입 등으로 인해 배송 시간이 오래 걸릴 수도 있으니 최소 촬영일 2주 전에는 구매해두는 것이 좋다.
셀프웨딩촬영을 할 때는 옷매무새를 가다듬어주고 헤어나 메이크업에 신경을 써주는 사람(헬퍼)이 따로 없다. 따라서 너무 손이 많이 가는 드레스보다는 어디서든 갈아입기 편하고 관리도 편한 심플한 스타일을 선택하는 것이 좋다.

드레스 구입 사이트
하루드레스 www.harudress.com

웨딩드레스의 종류

① 인어공주의 머메이드라인 드레스
인어공주처럼 가슴과 허리 그리고 힙 라인이 그대로 드러나는 실루엣이 예쁜 드레스. 어깨부터 무릎까지는 몸에 밀착되고 무릎 아래부터는 퍼지는 디자인이다. 이름처럼 인어의 매끈하고 아름다운 곡선미를 강조한 드레스로 키가 크고 마른 신부에게 잘 어울린다.

② 백설공주의 A라인 드레스
클래식하면서 누구에게나 무난하게 어울리는 드레스. 허리선부터 자연스럽게 떨어지는 치마 라인이 우아함을 강조한다. 튼튼한 하체를 100퍼센트 커버해줄 수 있다.

③ 로미오와 줄리엣의 엠파이어라인 드레스
올리비아 핫세가 떠오르는 단아한 드레스. 네크라인을 깊게 파고 가슴 바로 아래부터 스커트가 완만하게 넓어져 하체가 길어 보인다. 단, 통통해 보일 수 있으니 주의하자.

④ 마릴린먼로의 시스라인(H라인) 드레스
'시스 Sheath'는 칼잡이라는 의미로, 칼을 보관하는 칼집처럼 몸에 딱 맞춘 듯한 드레스이다. 실루엣이 그대로 드러나 섹시한 느낌을 강조할 수 있다.

⑤ 빅토리아 여왕의 벨라인 드레스
허리 아래로 종 모양처럼 볼륨감 있게 퍼지는 스타일. 가장 로맨틱한 느낌이 나는 드레스로 상체가 마르고 하체가 통통한 체형에게 잘 어울린다. 신랑과 시어머니들의 반응이 가장 좋은 드레스이다.

⑥ 신데렐라의 프린세스라인 드레스
전형적인 공주풍 드레스. 상체는 타이트하게 밀착되어 허리선을 강조하고 가슴과 허리선의 절개가 없이 스커트가 자연스럽게 떨어진다. A라인과 마찬가지로 하체에 자신없는 신부들에게 좋다.

1 머메이드라인
2 A라인
3 엠파이어라인
4 시스라인
5 벨라인

콤플렉스를 가려주는 웨딩드레스 선택법

● **키가 작아요**

웨딩드레스에서 작은 키는 크게 문제가 되지 않는다. 보통은 굽 10~20cm의 웨딩드레스 전용 슈즈를 신기 때문이다. 다만 미니드레스보다는 롱드레스가 키가 더 커 보인다. 드레스라인의 허리선이 실제보다 조금 더 위쪽에 위치하도록 리본이나 코사지 등으로 포인트를 주면 다리가 길어 보이는 효과를 낼 수 있다.

● **가슴이 작아요**

웨딩드레스는 아무래도 하체보다는 상체에 시선이 많이 간다. 그래서 많은 신부들이 작은 가슴 때문에 고민하기도 한다. 가슴이 작은 신부의 경우 가슴 부분의 소재와 디자인이 단조롭지 않은 화려한 스타일을 고르는 것이 좋은데, 러플이나 레이스가 달려 있으면 가슴이 훨씬 풍만해 보인다. 또한 가슴라인이 깊게 파인 네크라인 드레스도 가슴의 볼륨감을 강조해줄 수 있다. 단, 무리하게 패드가 많이 들어 있는 웨딩 속옷을 착용하면 더 부자연스러워 보일 수 있으니 주의하자.

● **팔뚝이 두꺼워요**

볼륨감 있는 퍼프소매나 캡소매, 짧은 소매는 피하는 것이 좋다. 타이트한 레이스 소재의 긴소매가 팔을 얇아 보이게 한다. 어설프게 가리기보다는 오히려 어깨와 팔 사이에 경계가 없이 시원하게 드러내는 튜브탑 스타일의 드레스를 입고 화려한 베일로 적당하게 가려주는 것도 괜찮다.

● **어깨가 넓어요**

어깨가 넓다고 해서 어깨 부분을 어설프게 가리면 오히려 단점이 더 강조될 수 있다. 과감하게 어깨선을 드러내는 것이 좋지만 노출이 부담스럽다면 가슴라인이 V로 깊게 파인 드레스나, 코사지가 한쪽 어깨선에서 사선으로 내려오는 스타일을 선택하면 시선을 분산시켜 어깨가 좁아 보이는 효과를 낼 수 있다. 홀터넥 스타일의 드레스는 목과 어깨에 시선을 집중시켜 자칫 넓은 어깨를 더 강조하게 되므로 주의하는 것이 좋다.

● **허리가 굵어요**

허리가 굵고 통통하다면 A라인 드레스를, 허리는 굵지만 마른 체형이라면 벨라인의 풍성한 드레스를 입는 것이 허리가 얇아 보인다. 본식에서는 코르셋으로 허리 부분을 타이트하게 조이고 부케를 들어 허리를 가려주기 때문에 굵은 허리나 뱃살을 자연스럽게 커버할 수 있으니 크게 신경 쓸 필요는 없다.

● **뱃살이 걱정이에요 or 속도위반이에요**

뱃살이 많은 체형이라면 하이웨이스트 라인이나, 허리에서 배로 떨어지는 라인에 셔링이 잡힌 드레스를 입으면 좋다. 레이스가 두세 겹으로 레이어드 된 엠파이어 드레스는 특히 임신 중인 신부들에게 추천! 단, 시폰 등의 얇은 소재로 된 드레스는 피하는 것이 좋다.

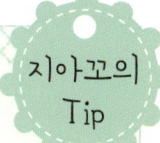

본식용 드레스와 촬영용 드레스는 따로 있다?

스튜디오촬영이든 셀프촬영이든 웨딩촬영을 할 때는 체형별 드레스 선택이 크게 중요하지 않다. 신을 능가하는 포토샵의 놀랄 만한 힘이 있기 때문이다. 입고 싶었던 드레스는 촬영 때 입고 본식에서는 내 체형에 가장 잘 어울리는 드레스를 골라 입도록 하자.

셀프촬영 드레스는 가급적 가벼운 소재에 장식이 많지 않은 것이 좋다. 심플한 드레스일수록 어느 곳에나 잘 어울리며, 드레스에 포인트가 적을수록 헤어 장식이나 소품을 통해 다양한 느낌을 자유롭게 연출할 수 있기 때문이다. 스튜디오촬영보다 이동반경이 넓고 야외에 탈의실이 잘 갖추어져 있지 않은 특성을 고려할 때도, 가벼운 소재에 디자인이 심플한 드레스가 적합하다 할 수 있다.

화이트 원피스는 어때?

꼭 드레스에 턱시도만이 웨딩촬영의 정석은 아니다. 드레스 구입이 번거롭고 어렵다면 셀프웨딩촬영 때에는 화이트 원피스를 입는 것도 좋다. 하얀 원피스에 부케를 드는 것만으로도 충분히 웨딩사진의 효과를 낼 수 있다. 오히려 자연스럽고 편안해 보이는 연출이 가능하다. 가벼운 느낌의 시폰 원피스를 입고 바다나 숲으로 여행을 떠나 한껏 자연스러운 느낌으로 촬영을 해보자. 큰 준비 없이도 근사한 웨딩사진을 찍을 수 있을 것이다.

턱시도는 어떻게 할까?

예전과 달리 요즘은 본식 때에도 턱시도보다는 일반 정장 스타일을 많이 입는다. 신부의 드레스 스타일이나 촬영 콘셉트에 따라 신랑 예복도 달라지겠지만 대체로 세련되고 깔끔한 정장을 선호한다. 백화점에서 정장을 사도 좋고 동대문 밤시장을 이용해서 저렴하고 개성있는 정장을 구입하는 것도 좋다. 나는 로드숍에서 저렴하게 맞춤 제작했다.
본식 때 단정한 짙은 톤 정장을 입는다면, 셀프촬영에서는 화사한 톤의 밝은 정장을 입어 색다른 맛을 내보자.

지아꼬의 Tip

드레스, 이렇게 보관하자!

단 한 번의 웨딩촬영으로 그치지 않고 매년 기념촬영을 생각하고 있다면 드레스 보관에도 신경쓰는 것이 좋다. 화이트 톤의 드레스는 잠깐만 입어도 오염될 수 있으니 바로 세탁 후 보관하도록 한다.
나는 마트에서 파는 홈드라이 세제(울샴푸 등)를 사용해 손빨래한 후 스팀다리미로 다려서 보관했다. 처음 한 번은 세탁소에 맡겨 드라이클리닝을 하고 다음부터는 집에서 홈드라이를 하는 것도 괜찮은 방법이다. 보관할 때는 비닐 커버보다 통기가 잘 되는 면 커버를 씌우는 것이 좋다. 마땅한 커버가 없다면 남편의 헌 셔츠를 덮어두면 통기도 좋고 때가 타지 않게 보관할 수 있다.

웨딩슈즈

당신에게로 내딛는 한 발

신데렐라의 사랑을 이루어준 유리구두처럼, 나를 좋은 곳으로만 데려다줄 것 같은 웨딩슈즈. 미니드레스를 입는 경우를 제외하면 대부분 드레스에 가려지기 때문에 크게 신경쓰지 않고 넘어가기도 하지만, 센스 있는 신부들은 미리 자신만의 웨딩슈즈를 준비한다. 그러나 막상 백화점이나 구두 전문점 여러 곳을 둘러보아도 웨딩슈즈 구하기는 생각만큼 쉽지 않다.

나는 백화점이나 유명 제화 매장을 여러 번 돌아다니고도 마음에 드는 웨딩슈즈를 고르지 못했다. 결국은 결혼식을 코앞에 두고서야 동대문에 있는 수제화 집에서 겨우 맞춤제작을 했다. 원하는 스타일이 확실하다면 가지고 있던 슈즈를 셀프로 리폼하거나 주문제작하는 것도 나쁘지 않은 방법이다.

예쁜 웨딩슈즈와 함께라면, 왠지 결혼의 첫 발을 내딛는 내 앞날도 슈즈처럼 한없이 아름다울 것 같은 예감이 들 것이다.

웨딩슈즈, 이렇게 구하자

온라인 쇼핑몰에서 쉽게 구하는 사람도 많지만, 웨딩슈즈만큼은 가급적 직접 신어보고 고르길 추천한다. 촬영 때에도 장시간 이동하거나 서 있어야 하고, 본식 때에도 시작부터 사진 촬영이 종료되는 한 시간 가량을 계속 서 있어야 하기 때문이다. 웨딩슈즈만큼은 신은 듯 안 신은 듯, 내 발에 꼭 맞는 편안한 것을 고르는 게 좋다.

다음으로 중요한 것은 바로 디자인. 온라인 쇼핑몰에서 발이 예쁜 모델들이 신고 찍은 사진, 혹은 갖가지 디스플레이로 장식된 설정 사진들을 보면 슈즈가 무척 아름다워 보인다. 그러나 그렇게 가공된 웨딩슈즈와 내 발에 신겨진 웨딩슈즈는 분명 느낌이 다를 것이다.

● **수제화 제작**

백화점과 유명 제화 매장 수십 곳을 돌아다녔지만 마음에 드는 웨딩슈즈를 찾지 못한 나는 동대문 밤시장으로 출두해 고가의 수제화를 저렴한 도매 가격으로 구입할 수 있었다. 온라인 쇼핑몰에서는 15만 원까지 하던 슈즈를 10만 원도 안 되는 가격에 얻을 수 있었던 것. 이는 웨딩슈즈의 디자인과 색상 등에 대한 나만의 확고한 취향이 정해져 있었기 때문에 가능했다.

수제화를 제작할 때 주의해야 할 포인트는 바로 시간이다. 제작하는 데 최소 일주일에서 열흘 정도의 시간이 소요되므로 미리 주문했다가 여유롭게 받아볼 수 있도록 하는 것이 좋다.

그 반면에 남들이 신는 무난한 스타일의 웨딩슈즈라도 괜찮다면, 수제화로 직접 맞추는 것보다는 일반 슈즈 매장을 찾아가는 것이 훨씬 합리적이다.

● 리폼

새로 슈즈를 사기가 번거롭다면 리폼을 하는 것도 좋은 방법이다. 심플한 단색 디자인의 깔끔한 슈즈가 있다면 가능하다. 색상은 드레스와의 조화를 고려해 흰색이 가장 무난하지만 옅은 파스텔톤 슈즈라면 어떤 것이든 괜찮다. 비비드 컬러로 구두에 포인트를 주는 것도 좋은 아이디어가 될 수 있다. 단, 블랙이나 네이비 등 어두운 컬러는 너무 점잖은 느낌을 주게 되므로 가급적 피한다.

일반 구두를 웨딩슈즈로 리폼하는 방법은 정말 간단하다. 구두클립과 구두에 어울리는 코사지, 그리고 구두만 있으면 그만이다. 코사지는 드레스와의 전체적인 조화를 고려해 고를 것. 너무 작은 것보다는 어느 정도 부피감이 있어야 웨딩드레스와 잘 어울린다. 동대문 시장에서도 찾을 수 있고 온라인 쇼핑몰에서도 많이 판매한다.

코사지를 구두클립에 글루건으로 붙인다. 글루건이 없다면 바느질로 구두클립과 코사지를 단단히 고정해주자. 코사지를 붙인 구두클립을 구두의 적당한 위치에 끼워주기만 하면 된다.

1 간단한 리폼 준비물
2 리폼 완료

● 대여

자신만의 웨딩슈즈를 구입해두면 평소에도 활용할 수 있다. 하지만 모든 사람에게 웨딩슈즈 구입을 권하지는 않는다. 웨딩슈즈가 별도로 필요한 이유는 보통 웨딩드레스가 키 170cm를 기준으로 제작되기 때문인데, 키 155cm의 아담한 신부라면 15cm 굽이 있는 웨딩슈즈에 '올라타야' 하는 상황이 발생한다. 평소에 높은 굽을 즐겨 신는 사람이라 할지라도 15cm는 부담이 될 터. 키 160cm 이상으로 평소 하이힐을 즐겨 신는 신부라면 웨딩슈즈를 구입해도 소위 말하는 '본전 뽑기'가 가능하지만, 평소 운동화나 낮은 플랫 슈즈를 즐겨 신는 신부, 키가 작은 신부에게는 결혼식 이후 신발장만 묵묵히 지키는 디스플레이 용도가 될 뿐이다. 그런 신부들에게는 슈즈 구매보다 대여를 추천한다.

현재 많은 온라인 쇼핑몰에서 웨딩슈즈를 대여해주고 있다. 특히 백화점 입점 브랜드인 세라제화에서는 웨딩슈즈 무상대여 서비스를 진행하고 있어 많은 신부들에게 인기를 얻고 있다. 웨딩촬영이나 본식 중 하루만 대여할 수 있으며, 필요한 날짜의 두 달 전부터 세라제화 홈페이지를 통해 신청을 받는다. 보증금 3만 원을 지불하고, 사용한 신발을 회수해 이상이 없다면 왕복 택배비 6000원을 제외한 나머지를 돌려준다. 촬영 후 슈즈 신은 사진 및 웨딩 관련 사진을 발송하면 세라제화 온라인 쇼핑몰에서 사용할 수 있는 적립금 1만 원을 주는 이벤트도 있다.

웨딩슈즈 대여 사이트
세라제화 www.saera.co.kr
러브슈즈 www.loveshoes.kr
팩토리걸 www.factory-girl.com

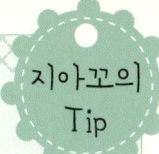

신데렐라의 유리구두보다 더 아름다운 슈즈, 맨발

잘생긴 중년 네 명이 말끔한 수트를 빼입고 나란히 서서 함박웃음을 터뜨린다. 멋진 아저씨 열풍으로 대한민국 여자들의 마음을 흔들었던 드라마 〈신사의 품격〉메인 컷이다. 그저 바라보고만 있어도 훈훈한 얼굴들에서 시선을 아래로 내려보면 어라, 아저씨들의 꼬물꼬물 귀여운 발가락이 보인다.

잘 차려입은 수트 밑으로 보이는 맨발. 언밸런스할 것 같지만 나름대로 신선한 조화다. 격식과 자유분방함의 경계를 잘 조절하고 있는 느낌이랄까.

웨딩촬영에서도 맨발은 그 어떤 멋스러운 신발보다 아름다운 분위기를 연출한다. 화려한 옷과 장신구들에 가려진 신랑 신부가 아니라 두 사람이 가진 그대로의 모습을 보여주는 듯하다.

푸른 잔디밭이 배경이라도 좋고 하얀 백사장도 좋다. 신랑 신부의 맨발은 자연 속에 그대로 녹아들어 어떤 슈즈보다도 편안한 분위기를 자아낸다. 생각해보라. 잔디밭의 하이힐, 백사장의 정장 구두보다는 맨발이 훨씬 잘 어울리지 않는가.

미처 패티큐어를 하지 못한 발이라도 상관없다. 상처투성이 발, 못생긴 발도 괜찮다. 그저 앞으로 서로를 향해, 그리고 서로의 미래를 향해 내딛는 발이기에 충분히 아름답게 느껴지지 않을까?

신랑 구두, 이렇게 구하자

여성 구두와 달리 남성 구두는 크게 유행을 타지 않으므로 아웃렛이나 백화점 시즌오프 기간을 이용하거나 이월상품을 구입하는 것이 합리적이다. 규호짱의 경우, 백화점 시즌오프 기간에 명품 브랜드 구두를 저렴하게 구입해 지금까지도 유용하게 잘 신고 있다. 남자 구두는 여자 구두보다 수명이 길고 평소에도 활용도가 높으니 가격이 조금 부담되더라도 이왕이면 좋은 것을 구입하자.

그리고 조금 더 다양한 모습을 사진에 담기 위해 한두 켤레의 서브 구두를 준비하는 것이 좋다. 탐스나 컨버스화 같은 편한 슈즈도 괜찮고, 기본 정장에 어울리는 구두와는 다른 디자인으로 화려한 색감을 더한 구두도 괜찮다. 특히 신부가 신을 구두와 같은 색으로 매치하면 커플 슈즈의 느낌을 줄 수 있다. 규호짱이 촬영용으로 신은 컬러 구두는 동대문 밤시장에서 3만~4만 원대에 구입했다.

신랑에게 당연한 키높이 깔창!

●

촬영이든 본식이든 신랑 구두에 키높이 깔창은 필수다. 특히 본식에서는 신부의 키가 170cm까지 늘어난다. 거기에 올림머리를 하고 티아라까지 쓴다면 신랑 키를 위협하는 수준에 이를 수 있으므로, 신랑의 키도 반드시 높여주어야 할 필요가 있다. 남자의 자존심이라 할 수 있는 깔창에 거부감을 느끼는 신랑이 있을지도 모르겠다. 하지만 센스 있는 신부라면 미리 3~5cm 굽의 깔창을 준비해 신랑 구두에 넣어주도록 하자. 우뚝 솟은 신랑의 키만큼 더욱 어울리는 부부 모습을 웨딩사진에 담을 수 있을 것이다.

참고로, 대여한 턱시도를 입고 본식을 진행할 경우 깔창 높이까지 감안해 바지 기장을 넉넉히 맞추는 것이 좋다. 이때 예비 신랑이 직접 말하기는 부끄러울 수 있으니 신부가 먼저 제안한다. 신부의 탁월한 센스란 작은 것에서 더욱 빛을 발하는 법이다.

지아꼬의 Tip

당신이 남긴 발자국 위에 내 발을 조심스레 올려봅니다.
두 개의 발자국이 하나가 되는 순간, 우리는 같은 곳을 향해 걸어갑니다.
아마도, 영원히 함께 걸어가겠지요.

헤어 액세서리

전체적인 분위기를 좌우하는 작은 소품

드레스 욕심을 부리던 한 신부가 있었다. 장장 다섯 벌이나 되는 드레스에 두 벌의 한복을 갈아입고 7시간에 걸쳐 촬영을 했다. 첫 드레스를 입고 찍은 사진들은 표정이 어색했고 두 번째 드레스의 사진들은 그나마 괜찮았지만, 세 번째 이후로는 지쳐버려 하나같이 표정이 이상하게 나왔다. 결국 그녀가 고른 사진들은 80퍼센트 이상이 두 번째 드레스를 입고 찍은 사진. 그녀가 고심해서 선택했던 다섯 벌의 드레스 중 단 한 벌만 제대로 빛을 발하고, 나머지는 조용히 사진 뒤로 사라지고 말았다. 결과적으로 웨딩사진에서 드레스는 중요하지 않았다. 그녀의 표정만이 사진의 전부였을 뿐이었다.

앞서 드레스를 선택하는 노하우에서도 언급했지만 드레스의 디테일함이나 소재 등은 사진에 잘 표현되지 않는다. 대부분은 웨딩 사진을 선택할 때 드레스가 아닌 신랑 신부의 표정을 보고 고른다. 웨딩 촬영에 있어 중요한 것은 신랑 신부의 표정이지 몸을 감싸는 드레스가 아닌 것이다. 오히려 드레스보다는 신부의 헤어에 얹은 티아라나 화관 등의 헤어 액세서리가 사진에서 더욱 도드라진다.

하얀 드레스에 화관을 쓰면 자연 속에서 톡 튀어나온 듯한 순수한 느낌을 강조할 수 있고, 티아라는 고급스럽고 우아한 느낌을 준다. 배우 강혜정이 결혼식에 썼던 코사지는 깜찍함을 더해주었고, 머리에 맨 리본 하나는 청순한 느낌을 고스란히 전한다. 드레스는 간소화하되 소품을 다양하게 준비하는 것이 센스 있는 촬영 노하우라 할 수 있다.

이름도 생소한 헤어 액세서리 100퍼센트 알기

● **화관**
자연과 가장 잘 어우러져 순수한 소녀 같은 느낌을 준다. 부케와 같은 종류나 같은 색상 꽃으로 준비하면 금상첨화. 반묶음 머리에 화관만 써도 순수함을 강조할 수 있다. 화관은 부케를 주문하면서 함께 주문할 수도 있고 조화부케업체에서도 판매한다. 인터넷 조화전문업체나 강남고속터미널 꽃상가에 가서 작은 조화를 구입해 직접 만들어보는 것도 좋은 방법이다.

● **코사지**
드라마 〈신사의 품격〉에서 메아리는 학수고대하던 윤이 오빠와의 결혼식 때 자신의 얼굴만한 코사지를 머리에 비스듬히 꽂아 귀여움과 로맨틱함을 더했다. 코사지는 머리 위에 얹기만 하는 화관이나 티아라와는 달리 머리 위, 머리 옆, 귀 뒤, 묶은 머리 부분 등 헤어 연출에 따라 다양한 부위에 사용할 수 있다. 디자인도 각양각색이라 신부들이 가장 원하는 스타일을 손쉽게 연출해준다. 그뿐 아니라 촬영 각도에 따라 코사지의 크기나 모양이 달라져 같은 코사지를 머리에 꽂아도 다양한 느낌을 줄 수 있다.

● **티아라**
티아라는 고급스럽고 우아한 느낌을 준다. 신부의 얼굴형과 잘 어울리는 크기와 모양을 고르는 것이 포인트. 티아라를 잘못 선택하면 얼굴이 더 크거나 길어 보일 수 있다. 본식 때 드레스숍이나 메이크업숍, 예물을 맞춘 곳 등에서 티아라를 대여해주기도 한다. 단, 티아라는 활용도가 높지 않으므로 구입을 추천하지 않는다.

● **베일**
가장 극적인 웨딩 느낌을 줄 수 있는 소품이다. 베일도 종류가 다양하다. 롱베일을 길게 늘어뜨리면 우아한 느낌이 나고, 신랑과 베일 속에서 함께 촬영하면 화사하면서 몽환적인 느낌을 연출할 수 있다. 미니 드레스에 숏베일을 매치해 귀여운 느낌을 부각시킬 수도 있다.
베일은 드레스 구입처에서 쉽게 구할 수 있고, 레이스 원단을 두세 마 구입해서 쉽게 만들 수도 있다. 요즘에는 쁘띠베일도 인기가 있는데 헤어 액세서리를 판매하는 곳에서 구입 가능하다. 마음에 드는 쁘띠베일을 구하기 어렵다면 일반 헤어 액세서리에 레이스 원단을 살짝 덧대 리폼하는 것도 한 가지 방법이다.

헤어 액세서리, 어디서 구할까?

헤어 액세서리를 구하는 것은 생각만큼 어렵지 않다. 일반 액세서리점에 가도 웨딩촬영에 어울릴 만한 소품들을 찾을 수 있고, 핸드메이드 액세서리를 전문으로 하는 업체를 찾아가면 웨딩이라는 콘셉트에 더욱 어울리는 소품들을 만날 수 있다.

직접 액세서리점을 찾아다니기 귀찮다면 온라인 쇼핑몰을 이용하자. '웨딩코사지' '웨딩화관' 등의 키워드를 입력하기만 해도 수십 개의 쇼핑몰이 뜬다. 드레스를 구입하는 곳에서 헤어 액세서리를 함께 구입하면 어울리는 것을 쉽게 구할 수 있다.

요즘은 블로그나 카페 등에서 직접 웨딩 액세서리를 만들어 판매하는 사람도 많다. 특히 자신이 원하는 고유 스타일이 있다면 기호를 최대한 살려 주문 제작하는 것도 좋은 방법이다.

하지만 셀프웨딩촬영의 의의를 조금 더 살리고 싶다면 재료를 구입해 직접 만들어보는 것도 좋겠다. 동대문종합상가에 가면 수많은 재료들을 저렴한 가격에 만날 수 있다. 약간의 손재주만 더한다면 오직 나만을 위한 최고의 액세서리가 뚝딱하고 탄생한다.

DIY 헤어 액세서리

아무리 작은 소품이라도 '웨딩'이라는 이름이 붙어버리면 가격은 수십 배로 불어난다. 물론 손재주 없고 꼼지락꼼지락하며 자신만의 소품을 만들기 귀찮아하는 신부라면 구입만큼 괜찮은 방법도 없겠지만, 이왕이면 직접 자신만의 소품 만들기에 도전해보자. 복잡해 보이는 헤어 액세서리도 재료만 구하면 어렵지 않게 만들 수 있다. 시간도 5분이면 OK. 직접 만든 헤어 액세서리로 진정한 '셀프웨딩촬영'에 임해보는 것은 어떨까?

리본 만들기

가장 간편한 헤어 액세서리인 리본. 영화배우 강혜정이 결혼식 때 머리에 꽂은 커다란 망사 리본은 깜찍하고 발랄한 이미지로 신부들의 웨딩촬영 베스트 액세서리가 되었다. 발랄한 분위기를 연출할 수 있는 리본은 다른 헤어 액세서리에 비해 만드는 방법도 무척 간단하다. 깜찍한 리본을 머리에 달고 세상에서 가장 귀여운 신부로 거듭나 보자.

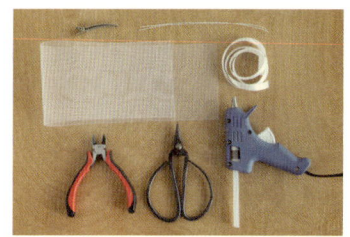

준비물 망사심, 핀대, 공단 리본, 철사, 가위, 니퍼, 글루건

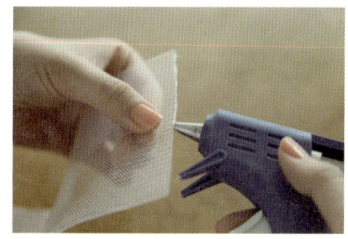

1 망사심 양 끝을 글루건으로 끝부분이 풀리지 않게 마무리한다. 손가락이 글루건에 닿지 않게 조심조심!

2 원단의 양 끝을 가운데로 모으고 1.5~2cm 겹쳐지게 접는다.

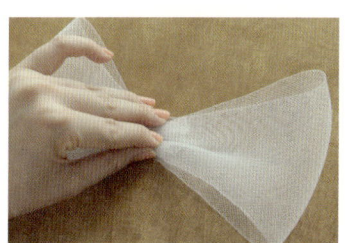

3 셔링을 잡아가며 손으로 원단의 가운데를 접어 모은다.

4 철사로 가운데 셔링 부분을 꽁꽁 묶는다.

5 크기가 약간 다른 리본을 하나 더 만든다.

6 리본 두 개를 겹쳐서 가운데 부분을 철사로 한 번 더 묶는다.

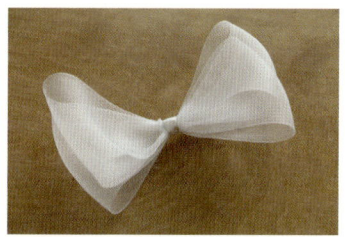

7 리본 가운데에 공단 리본을 두르고 글루건으로 붙여준다.

8 공단 리본을 두른 부분에 글루건으로 핀대를 붙인다.

베일 만들기

결혼을 준비하는 신부들에게 베일은 참 고마운 존재다. 은은하고 여성스러운 분위기를 자연스럽게 연출해주는 것은 물론이고, 완벽하게 해내지 못한 다이어트로 인해 아직도 튼튼해 보이는 등짝과 팔뚝을 가려주기도 한다. 이렇게 고마운 베일을 만드는 법은 아주 간단하다. 글루건 같은 도구가 없어도, 간단히 바느질만 할 수 있으면 얼마든지 내 마음에 쏙 드는 베일을 만들 수 있다.

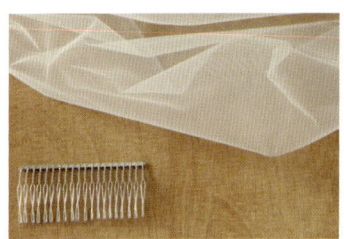

준비물 망사 원단 2마 정도, 빗핀(핀대도 괜찮음), 실, 바늘

1 망사 원단을 적당히 자른 다음 반으로 접고 가운데를 시침핀으로 표시한다.

2 가운데를 기준으로 좌우 한 뼘이나 한 뼘 반 정도 부분에서 시침질한다.

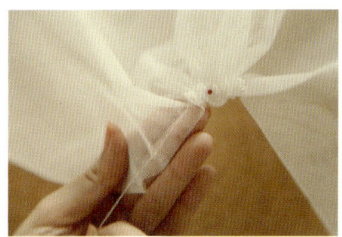

3 시침질 한 후, 자연스럽게 셔링이 생기도록 실을 당겨준다.

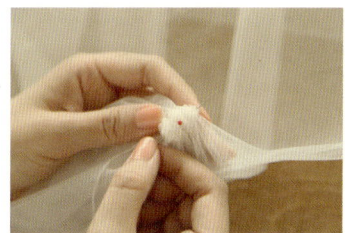

4 셔링이 풀리지 않도록 몇 번 더 바느질한다.

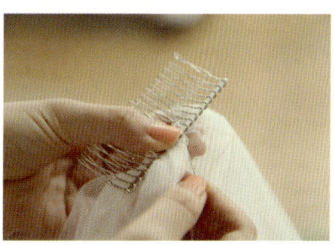

5 바느질을 하거나 글루건을 사용해 빗핀에 망사 원단을 붙여준다.

6 완성!

화관 만들기

청초한 신부가 되고 싶다면 화관 만들기에 도전해보자. 다른 소품들도 만들기 어렵지 않지만 화관이야말로 웨딩헤어 액세서리 중에서 가장 제작하기 쉽다. 화관을 만드는 주재료인 로핑도 저렴하게 구할 수 있다. 다른 소품은 직접 사서 쓰더라도 화관만큼은 셀프로 만들기를 적극 추천한다.

준비물 로핑 1롤, 니퍼, 리본(생략 가능)

1 머리 둘레에 맞는 크기로 로핑의 틀을 잡는다. 로핑에 철사심이 들어가 있기 때문에 쉽게 틀을 잡을 수 있다.

2 원하는 크기에 맞게 틀이 잡혔으면 나머지를 틀에 돌돌 감아준다.

3 로핑 끝부분은 적당히 화관 틈에 넣어 마무리한다.

4 지저분하게 튀어나온 부분을 니퍼로 잘라서 정리해준다.

5 리본을 달아 포인트를 준다.

부케

신랑이 신부에게 주는 첫 번째 선물

기원전 3000년 경, 고대 이집트 왕들은 권력을 상징하기 위해 수레국화를 들었다. 시간이 흘러 기원전 4세기의 여성들은 곡물다발을 들었다. 다산을 기원하는 의미였던 곡물 부케는 시간이 지나면서 아름다운 꽃으로 점차 바뀌어갔다. 질병으로부터 신부를 보호하고자 꽃을 들었다고 한다.

결혼의 상징이자 필수품이 되어버린 부케. 셀프웨딩촬영에서 부케의 역할은 아주 크다. 평범한 원피스를 입어도 꽃 한 묶음을 손에 다소곳이 쥐고 있으면 누가 보아도 웨딩촬영임을 알 수 있다.

본식에는 전문가의 손길을 거친 값비싼 생화 부케를 들게 되지만, 셀프촬영 때에도 그런 부케를 준비하기는 부담스럽다. 셀프웨딩촬영은 본식처럼 한 시간 만에 뚝딱 진행되는 것도 아니기 때문에 시간이 지나도 변함없는 조화 부케가 보관하기도 좋고 실용적이다.

부케도 종류와 디자인에 따라 가격이 천차만별이지만 인터넷 사이트나 꽃시장을 통하면 조금 더 저렴하게 구입할 수 있다. 백화점이나 주민센터에서 운영하는 문화강좌 등을 통해 플라워아트를 조금 배워서 내 스타일대로 직접 부케를 만들어보는 것도 좋은 방법이다.

부케, 이렇게 구입하자

생화는 꽃시장을 찾으면 다양한 종류를 저렴한 가격에 만날 수 있다. 하지만 생화 부케는 보관이 어렵고 활용할 수 있는 폭이 한정되어 있으므로 들인 비용에 비해 아쉬울 수 있다.
그렇다면 쉽게 구할 수 있는 조화를 활용하자. 굳이 꽃시장이나 꽃가게를 찾지 않더라도, 대형 마트나 아웃렛에 있는 생활소품 숍, 동네 곳곳에 자리한 저렴한 생활용품 로드숍 등에서 쉽게 찾을 수 있다. 단, 생각보다 고급스러운 느낌은 덜하다. 하지만 부케만 클로즈업해서 촬영하지 않는 한 그 디테일함은 사진에 잘 나오지 않는다. 그저 꽃을 들고 있구나, 어떤 색깔의 꽃을 들고 있구나, 정도만 식별되기 때문. 따라서 꽃은 색상과 전체적인 형태 위주로 고른다. 지나치게 강한 색감의 꽃보다는 은은한 파스텔톤 꽃을 다발로 구입해 리본으로 묶어 활용하는 것이 좋다.
요즘은 인터넷으로 검색만 해도 마음에 드는 부케를 쉽게 찾을 수 있다. 주위를 둘러봐도 마음에 드는 부케가 없다면 온라인 부케 숍에서 다양한 부케를 구경한 후 구입하는 것도 현명한 방법이다.

조화부케 판매 사이트
아그레아블 www.agreable-flower.com
로즈데코 www.rosedeco.co.kr

부토니어도 잊지 말자

신랑이 신부를 위해 여기저기 돌아다니며 모아온 꽃을 한 다발 안겨준다. 신부는 감사 표시로 신랑에게 받은 꽃다발 중에서 한 송이를 꺼내 전달한다. 그것이 부토니어다. 부토니어의 유래에 기인해서 그런지 요즘은 신랑들도 신부의 부케에 맞추어 만든 부토니어를 가슴에 꽂는다. 셀프웨딩촬영 때 신부가 자신의 부케에만 신경을 쓰다 부토니어를 잊는 경우도 종종 있다. 이왕 부케를 구입한다면 조금만 더 신경 써서 우리 신랑에게도 고맙다는 의미로 꽃 한 송이 달아주는 센스를 발휘해보자.

부케에 어울리는 시즌별 추천 꽃

봄
봄처럼 생기 있는 꽃이 좋다. 파스텔톤의 다양한 꽃과 잎을 조화시켜 순수하고 아름다운 이미지를 돋보이게 한다. 꽃이 다양하게 나오는 계절이라 선택의 폭은 다양하다.
예) 러넌큐러스, 작약, 튤립, 히야신스 등

여름
여름에는 너무 화려한 색감의 꽃보다는 화이트와 그린이 조화된 신선하고 시원한 느낌의 꽃을 선택한다. 심플하고 시원한 이미지의 부케가 오히려 신부와 드레스를 더욱 돋보이게 해준다.
예) 수국, 카라 등

가을
가을에는 클래식하고 단아한 느낌이 나는 진한 컬러의 꽃을 사용해 차분하고 지적인 분위기를 낸다. 열매 등 다른 소재를 이용하는 것도 요즘 추세다.
예) 소국, 해바라기, 잉글리시로즈 등

겨울
겨울에는 화려한 컬러의 꽃을 사용해 따뜻하고 고급스러운 느낌을 낸다. 부케를 조금 풍성하게 드는 것도 추운 겨울에 따뜻해 보일 수 있는 한 가지 팁!
예) 장미, 브루니아 등

촬영소품

사진 속 포인트를 살리고 재미를 더하는 촬영소품

스튜디오에서 진행되는 웨딩촬영이 신랑과 신부 두 사람 위주의 촬영이라면 셀프촬영은 두 사람의 얼굴만이 아닌 스토리가 중심이 되는 웨딩촬영이다. 실제로 셀프촬영을 한 많은 커플들은 이러한 '이야기가 있는 사진' 때문에 셀프촬영이 더욱 생생하고 잊지 못할 추억으로 남았다고 말한다.

셀프웨딩촬영에서는 주인공 신랑과 신부도 중요하지만 두 사람을 이어주는 조연들의 힘이 보태져야 더욱 세련되고 재미있는 스토리가 완성된다. 둘만의 추억이 담긴 소품도 좋고, 사진이 예쁘게 나오는 데 도움이 되는 소품도 좋다. 우리가 좋아하던 케이크, 함께 맞춘 커플링, 반려동물, 친한 친구들 등 모두 좋은 소품(조연)이 될 수 있다. 사소하고 작은 소품 하나가 더욱 완성도 있는 사진을 만든다는 것을 잊지 말자!

● 풍선

어린 아이처럼 순수한 느낌을 강조하고 싶다면 풍선을 활용하자. 알록달록한 색색의 풍선은 사진의 색감을 살릴 뿐만 아니라 천진난만한 분위기를 조성하는 데 가장 탁월한 아이템이다. 구하기 쉽고 가격 또한 저렴하니 이보다 더 좋을 수 있을까? 특히 풍선의 컬러를 잘 선택해 촬영의 전반적인 메인 컬러로 활용한다면 더욱 감각적인 사진 연출이 가능할 것이다.

● 꽃

풍선 못지않게 쉽게 구할 수 있는 아이템. 신부 머리에 살포시 꽂은 꽃 한 송이는 청순한 느낌을, 신랑이 입에 문 꽃 한 송이는 섹시한 분위기를 자아낸다. 하얀 천을 깔고 그 위에 꽃잎을 흩뿌려두는 것도 로맨틱한 분위기를 자아내는 장치로 좋다. 하얀 안개꽃 한 다발을 준비하면 드레스와 어우러져 청순함의 진가를 연출할 수 있다.

● 우산

비가 오는 날, 우산 하나를 같이 쓰고 걸어가는 남녀의 뒷모습은 아름답기 그지없다. 비가 오지 않아도 우산은 좋은 촬영 아이템이다. 한 공간 속에 두 사람이 가까이 다가설 수 있다는 설정도 가능하고, 비가 오면 비를 피하기 위한 소품으로, 햇빛이 강하면 햇빛을 가리는 소품으로도 활용할 수 있다.

● 피켓
연예인을 응원하는 팬의 마음이 되어 내 신랑 혹은 내 신부를 위한 피켓을 만들어보자. 그림 재주, 손재주가 없더라도 컴퓨터로 뚝딱 프린트하여 만든 후 하드보드지에 붙이면 그만이다. 결혼 날짜, 신랑 신부 이름, 두 사람의 이니셜, 사랑의 멘트 등 피켓에 쓸 수 있는 내용 또한 무궁무진하다.

● 선글라스
톡톡 튀는 개성적인 분위기 혹은 우스꽝스러운 분위기 연출에 선글라스만한 아이템이 없다. 신랑 신부가 선글라스를 쓰고 차렷 자세로 카메라를 응시하고 있어도 재미있고, 우스꽝스러운 포즈를 취할 때도 선글라스가 있으면 익살스러움이 배가된다. 햇빛이 강한 야외촬영 때, 눈이 부시지 않게 보호해주는 것은 기본이다.

● 도시락 or 간식
그저 먹기 위해 가져간 도시락과 간식도 훌륭한 촬영소품이 될 수 있다. 예쁘게 준비한 도시락이라면 두말할 것 없이 멋진 소품으로 활용하자. 투박한 쿠킹포일에 싸인 김밥이라도 한 알 꺼내어 신랑의 입가에 가져가 상냥한 미소를 지으며 사진을 찍어보자. 세상에 둘도 없는 아리따운 현모양처의 자태를 사진 속에 남길 수 있을 것이다.

Theme 01

안 챙기면 후회할, 소소하지만 중요한 준비물

화보촬영이나 드라마, 영화촬영을 하는 연예인들이 TV에 잠깐 소개될 때 보면 재미난 모습이 많다. 한겨울의 거센 추위에 발끝까지 내려오는 긴 패딩을 입고도 발을 동동거리고 있거나 핫팩을 품고 있는 모습, 여름이면 스태프들이 모여서 연예인에게 부채질을 해주는 모습 등. 사진에는 등장하지 않지만 카메라 뒤에서 촬영에 도움을 주는 물건들도 상당히 많다.

셀프촬영은 신랑과 신부 단 둘, 혹은 친구 한두 명과 진행하니 영화나 드라마보다는 훨씬 조촐한 촬영이다. 하지만 거창한 촬영이 아니라고 방심하지 말자. 간단해 보이는 셀프촬영에도 안 챙기면 후회할 준비물들은 꽤 많다.

손거울
얼굴 전체를 다 볼 수 있는 크기로 하나 준비하자. 헬퍼가 챙겨주는 스튜디오촬영에는 크게 필요 없지만 셀프촬영에서는 옆에 두고 그때그때 얼굴과 헤어스타일의 상태를 확인하는 것이 좋다. 셀프촬영을 하다보면 의외로 머리카락 한 올 때문에 NG가 되는 사진들도 많다. 작은 거울로는 전체 모습을 확인하기에 한계가 있으니 다소 무겁더라도 큼직한 손거울을 준비해가자.

일회용 밴드
오랫동안 촬영하다 보면 새로 신은 구두 때문에 발이 까지기도 하고 긁히거나 다치는 일도 종종 생긴다. 일회용 밴드는 일상에서도 유용하지만 웨딩촬영 때는 그 필요성이 더욱 강조되는 준비물이다.

도시락 & 간식
스튜디오촬영을 하고 온 커플 대부분이 웨딩촬영이 이렇게까지 힘들 줄 몰랐다며 놀라곤 한다. 한 건물 안에서 진행되는 스튜디오촬영도 그럴진대, 대부분이 야외에서 진행되는 셀프촬영은 오죽할까. 사진작가의 임무를 신랑 신부가 직접 해야 하는 셀프촬영에서 체력소모는 더욱 심하다. 아무리 짧은 촬영을 계획했다 하더라도 간단히 먹을 수 있는 김밥이나 샌드위치 등의 도시락과 체력을 보충해줄 달달한 초콜릿, 음료 등을 꼭 챙기도록 하자. 이때 공들여 한 신부 화장이 망가지지 않게 빨대를 준비하고, 음식은 한 입에 쏙 들어갈 만한 작은 크기로 준비하는 것이 좋다.

아이스팩 or 핫팩
날씨가 딱 좋은 봄이나 가을에 촬영을 하면 얼마나 좋을까. 하지만 우리나라는 실제로 여름과 겨울이 제일 길다. 봄과 가을에 촬영을 한다 해도 기막힌 운이 따르지 않는 한, 촬영에 최적인 날씨를 맞추기란 쉽지 않다. 하지만 어쩌랴. 촬영은 진행되어야 하는데……. 날씨뿐만 아니라 무거운 카메라와 각종 촬영 소품들을 들고 이리저리 오가는 것만으로도 여름에는 삐질삐질 땀이 흐르고, 겨울에는 코끝이 찡하게 시려온다. 이럴 때 차가운 아이스팩이나 뜨거운 핫팩이 있다면 한결 수월하게 촬영할 수 있다.

Theme 02

손쉽게 따라하는 셀프 헤어

전문 뷰티숍에 촬영용 메이크업과 헤어를 맡길 수도 있지만 셀프촬영에서는 그렇게 하면 뭔가 어색한 느낌이 날 수도 있다. 강한 스튜디오의 조명이 아니라 자연광이나 일반 조명 아래에서 자연스러운 촬영을 하기 때문이다.

메이크업은 평소에 하던 정도면 충분하다. 조금이라도 메이크업에 신경 쓴 느낌을 내고 싶다면 눈에 속눈썹을 붙이거나 아이라인에 살짝 힘을 주는 걸로 충분하다. 짙은 색 립스틱은 특정한 콘셉트가 아닌 이상, 무척 부자연스러워 보이니 삼가도록 하자. 잡티는 촬영 후 포토샵으로 충분히 커버가 가능하다.

메이크업보다는 헤어 쪽에 조금 더 신경써보자. 평소에 하던 헤어보다는 반묶음이나 올림머리 등 드레스에 더 어울릴 만한 헤어로 보조를 맞춰주자. 간단한 손질만으로도 셀프촬영에 적합한 헤어를 완성할 수 있다.

분위기 있는 반묶음 머리

청순한 이미지를 표현하고 싶다면 반묶음 머리를 해보자. 단순히 머리를 반묶음하기보다 이마와의 경계 부분을 살짝 땋아 반묶음하면 한층 더 고급스러운 느낌을 연출할 수 있다.

1 살짝 옆가르마를 탄 후, 숱이 많은 쪽을 이마쪽에서부터 땋는다.

2 땋은 부분을 고무줄로 묶은 후, 자연스럽게 당겨 꼬임을 느슨하게 풀어준다.

3 땋은 머리 쪽으로 반묶음한 후 살짝 돌려 잡는다.

4 자연스러운 느낌을 위해 고무줄로 살짝 묶어준다.

5 헤어 액세서리로 포인트를 준다.

귀여우면서 얌전한 양갈래 머리 & 우아한 올림머리

새침한 소녀 감성을 줄 수 있는 헤어스타일은 단연 양갈래 머리다. 1차적으로 가볍게 양갈래 머리를 하고 촬영을 한 후 의상을 갈아입으면서 목 뒤로 머리를 올려주면 우아하면서 기품 있는 느낌의 헤어스타일이 완성된다.

1 적당히 가르마를 탄 후 양쪽을 땋아준다. 이때 너무 정확하게 가르마를 타는 것보다는 대충 타는 것이 자연스럽다.

2 머리 끝 부분을 말아서 묶어준다.

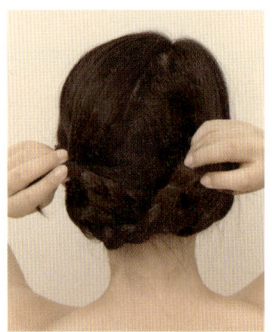

3 땋은 양갈래 머리를 위로 교차시켜 묶듯이 잡아준다.

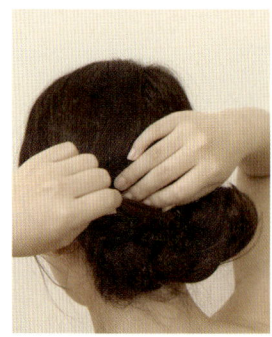

4 실핀과 U자핀으로 고정한다.

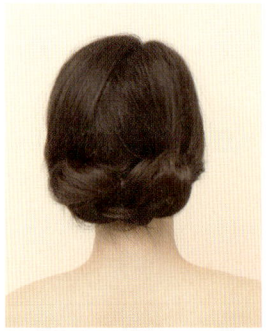

5 많이 삐져나온 잔머리만 스프레이나 왁스 등으로 다듬어준다. 자연스러운 것이 예뻐 보이므로 잔머리를 너무 반듯하게 정돈하지 않는다.

6 헤어 액세서리로 포인트를 준다.

톡톡 튀는 발랄함, 번 헤어

요즘 신부들의 트렌드라 할 수 있는 번 헤어는 일명 똥머리라고도 불린다. 머리 위로 튀어나오는 번 부분이 클수록 얼굴이 작아 보이는 효과가 있어 웨이브로 풍성하게 머릿결을 정돈해 줄 필요가 있다. 톡톡 튀는 발랄한 이미지를 강조할 수 있고, 쉽게 흐트러지지 않아 웨딩촬영에도 적합한 헤어스타일이다.

1 헤어 전체에 굵은 웨이브를 넣는다.

2 앞머리 부분도 고데기로 웨이브를 준 후 손으로 돌돌 만다.

3 손으로 돌돌 만 앞머리를 머리 위에서 둥글게 돌려서 실핀으로 고정한다. 자신의 얼굴형과 가장 어울리는 위치를 선정해 고정하자.

4 앞머리를 만든 곳까지 높게 묶는다. 단단히 묶어줘야 번을 만들기 쉽다.

5 묶은 머리를 두세 갈래로 나누어 번을 만든다. 한 갈래로 번을 만들면 풍성한 느낌이 덜하다.

6 실핀과 U자핀으로 고정한 후 스프레이나 왁스를 이용해 잔머리만 살짝 정리해주는 느낌으로 번을 마무리한다. 어느 정도의 잔머리는 남겨두는 것이 자연스럽다.

7 거울을 보며 모양을 다듬는다. 머리칼을 조금씩 빼주면 더 풍성해 보인다.

 내게 어울리는 **사진 콘셉트** 정하기

드레스를 몸에 걸치고 부케만 손에 쥔다고 해서 셀프웨딩촬영은 아니다. 딱 그 두 가지 조건만 갖추고 '초간단 셀프웨딩촬영'이라는 콘셉트를 내거는 사람이 있다면 모르겠지만 말이다.

사람마다의 고유한 개성이 묻어나야 한다. 그것이 바로 셀프웨딩촬영의 콘셉트이다. 아기자기하고 귀여운 분위기의 신부가 어울리지 않는 섹시 콘셉트의 사진을 계획한다거나, 나이가 많은 커플이 어리고 발랄한 분위기를 콘셉트로 잡는다면, 만족스러운 촬영을 해내기가 어려울 것이다. 한 번의 촬영에 너무 많은 욕심을 부려 온갖 콘셉트를 다 집어넣는 것도 좋지 않다. 커플의 분위기를 중심으로 촬영지 느낌까지 잘 고려한 콘셉트 한두 개면 충분하다.

'우리에게 맞는 콘셉트가 뭘까? 어떤 콘셉트가 참신하고 좋을까?' 하며 고민하는 커플이 있다면 이번 단계를 유심히 살펴보도록 하자. 여러 사례를 접하다 보면, 어느샌가 나만의 콘셉트에 대한 확고한 결정이 내려질지도 모른다.

셀프웨딩촬영의 유형

셀프웨딩촬영을 진행하려고 사례들을 찾다보면 참 다양한 이야기를 접할 수 있을 것이다. 셀프웨딩촬영은 촬영하는 커플의 수만큼 콘셉트가 존재한다. 설령 같은 콘셉트로 사진을 찍은 두 커플이 있어도 그 느낌은 확연히 다르다. 크게는 사진을 찍어주는 사람, 사진 스타일, 촬영 장소의 세 가지 항목을 기준으로 각 유형을 정리해보았다. 셀프웨딩촬영에 처음 도전하는 사람이라면 자신의 상황과 취향에 맞게 촬영 준비를 하는 데 도움이 될 것이고, 이미 찍어본 사람도 자신이 어떤 유형이었는지를 되돌아보며 지난 촬영의 추억을 떠올리는 기분 좋은 순간을 맞을 수 있을 것이다.

'친구 찬스' 유형

주위에 사진을 좀 아는 친구 한둘은 꼭 있다.
혹, 주변에 온통 사진에 무지한 친구들뿐이라 할지라도 상관없다.
센스 따위 없어도 셔터만 누를 줄 아는 친한 친구면 된다.
다양한 셀프웨딩 사진들을 스크랩해서 친구에게 미리 보여주자.
그리고 사용하자, 친구 찬스!
"야, 그 표정은 좀 비호감이야."
"그러지 마. 얼큰이처럼 나와!"
어느 사진작가가 이렇게 솔직하게 말해줄 수 있을까?
오랜 시간을 함께한 친구만이 가장 솔직하게
내 포즈와 사진 분위기에 대해 거침없는 조언을 던져줄 수 있다.
그리고 그런 조언들은 사진에 쏙쏙 스며들어 분위기를 최상으로 만들어준다.
잊지 말자. 전문 사진작가들은 99퍼센트가 "좋아요." "아, 두 분 잘 어울리네?"
같은 입에 발린 말로 신랑 신부를 비행기 태우지만,
결과물은 그에 못 미치는 경우가 허다하다는 사실.
단, 친구는 사진 전문가가 아니므로
사진이 흔들리거나 노출오버 혹은 노출부족으로 나올 수 있으니
중간 중간 결과물을 확인하는 것은 필수!

ⓒ 김은진

상부상조 유형

지아꼬 셀프웨딩촬영 카페에서 나와 스타일이 비슷한 블로거를 만났다.
어머, 이 사람 나와 가까운 곳에 살고 결혼 시기도 비슷,
촬영 예정 시기도 비슷하다.
그렇다면 상부상조.
소품을 절반만 준비해도 두 배 효과를 누릴 수 있고
둘이 찍는 사진도 다양한 구도로 찍을 수 있어 좋고
미처 우리가 생각하지 못한 포즈를 따라할 수 있어 좋다.
단, 상대 커플과 비교를 하기 시작하면
싸움으로 번질 수 있다는 것이 단점.

'우리 단 둘이서' 유형

아무도 필요 없다. 그대와 나 단 둘이서만.
펜션에 콕 틀어박혀 무수히 많은 사진을 찍어댄다.
미처 발견하지 못했던 연인의 모습을 찾게 되기도 하고,
평소에 하지 못했던 깊은 대화를 나누기도 한다.
단 둘이서만 사진을 찍으니 부끄러울 일도 없어
포즈도 훨씬 다양해지고 애정 듬뿍 담긴 사진들이 더 많이 나오기도 한다.
단, 찍은 사진들의 구도는 거의 비슷비슷하다는 것이 단점.

ⓒ 임현정

화보 찍는 모델 유형

하루 촬영에 입은 옷만 대여섯 벌, 준비한 소품은 10여 개.
포즈를 연구한 스크랩물만 30장이다.
찍어도 찍어도 다른 포즈,
찍을 때마다 다른 분위기의 사진이 척척 나온다.
이 정도면 모델급이다.
그냥 웨딩 화보를 찍는다고 해도 손색이 없다.
하지만 두 커플만의 스토리나 화기애애한 분위기와는 살짝
멀어진다는 것이 단점.
스튜디오 촬영 못지않게 많은 돈이 들 수 있다는 것도 단점.

소풍 나온 커플 유형

푸른 잔디밭에 체크무늬 천을 깔고
사랑하는 자기에게 줄 알록달록 예쁜 도시락을 꺼낸다.
현모양처 콘셉트 완성.
눈부신 햇살을 받으며 음악을 듣고 콧노래를 흥얼거린다.
자연과 어우러진 감성소녀 콘셉트 완성.
그의 등을 톡 치고는 폴짝폴짝 내달린다.
나 잡아봐~라 콘셉트 완성.
사랑의 정점을 찍는 콘셉트.
아기자기함의 대명사.
하지만 준비할 소품이 많다는 것이 단점.
다른 사람들이 봤을 때
'쟤네 뭐하지?' 하고 고개를 갸웃거릴 수 있다는 게 단점.

파파라치 유형

"분명 셀프촬영을 했지만 내가 찍은 게 아니라 찍힌 겁니다"라고
말할 수 있는 사진들.
카메라를 응시하는 사진은 하나도 없다.
먼 산 보기, 딴짓하기 등 카메라 따위 전혀 의식하지 않은 채
둘만의 세상을 만끽하는 커플들의 모습이 사진에 담겨 있다.
할리우드 인기스타라도 된 듯 자연스러운 포즈도 눈에 띈다.
하지만 초점이 안 맞거나 눈을 감은 사진이 5할이라는 것이 단점.

'자연이 좋아' 유형

산과 들, 바다와 호수, 파란 하늘과 바람.
'우리는 자연인이다'를 외치며 끊임없이 자연을 따라다닌다.
제목 그대로 가장 자연스러운 사진을 남길 수 있다.
자연 색감과의 조화도 아름답다.
역광마저도 아름다워질 수 있는 최고의 배경지가 바로 자연.
촬영지에 대한 비용을 별도로 지불하지 않아도 된다는 점도 장점이다.

ⓒ 송미애

ⓒ 김은진

한국에서 서양 찾기 유형

영어마을, 지중해 스타일 펜션 등
외국에 나가 마음껏 촬영하지 못하는 한을
외국 느낌 물씬 풍기는 한국 명소에서 달랜다.
의상이나 포즈도 스타일리시하게 준비한다.
신부의 웨딩드레스와 신랑의 턱시도를
200퍼센트 살려줄 수 있는 감각적인 배경지.
단, 어설픈 장치들이 사진 속에 걸려들지 않도록
사진 구도를 잘 맞출 것.

© 성선엽

'한국적인 것이 최고' 유형

서울 도심 곳곳에 자리한 궁궐에서 중전마마가 되고 전하가 되어본다.
드라마 〈해를 품은 달〉의 훤과 월이 되어 애틋한 눈빛을 주고받는다.
그저 한복만 입고 궁궐을 배경으로 서 있기만 해도 작품이 된다.
전국 곳곳에 있는 한옥마을도
우리 조상들이 수줍게 이어간 애틋한 사랑이 전해지는 곳.
어른들 좋아하시는 참한 며느릿감,
듬직한 사윗감의 모습을 담을 수 있다.

콘셉트북 만들기

지아꼬의 셀프웨딩촬영은 한 장의 사진에서 시작되었다. 늘씬한 몸매를 한 예쁜 서양 여자가 멋진 훈남 스타일의 남자와 마주보고 있는 한 장의 사진. 배경은 숲속이고 여자는 하얀 슬림 드레스, 남자는 캐주얼한 느낌의 턱시도를 입고 있었다. 자유분방하면서도 어색하지 않은 느낌. 굉장히 편해 보이면서도 둘이 아주 좋아 죽겠다는 느낌이 퐁퐁 샘솟는 사진이었다. 그래, 이거다!

하지만 그때만 해도 많은 사람들이 셀프웨딩촬영의 정체를 모르고 있었다. 사진을 봐도 외국에서 촬영한 화보이겠거니 생각하는 사람들이 대부분이었다. 그저 다른 나라 이야기로, 나와는 별개의 일이라고 생각했을 것이다. 하지만, 그들이 하는 것을 우리라고 못할 리 없다. 우리도 할 수 있다. 얼마든지! 그 날 후로 나는 열심히 사진을 스크랩하기 시작했다.

자료 모으기

자료라고 하면 괜히 어려운 느낌이 들지만, 별 거 아니다. 그저 남이 촬영한 사진 중 괜찮다 싶은 사진을 이것저것 보면 된다. 인터넷에서 발견한 사진을 다른 곳에 유포하는 등의 행위는 엄연한 불법이지만, 개인 소장용으로 '퍼가요~'라는 멘트를 정중히 남기고, 나 혼자 볼 수 있도록 한다면 문제될 것은 없다.

우선 마음에 드는 사진을 잔뜩 모아두었다면, 콘셉트에 맞게 분류하는 작업이 필요하다. 배경 중심으로 분류해도 좋고, 사진이 풍기는 느낌 중심으로 분류해도 된다. 그중에 무슨 일이 있어도 꼭 찍어야 할 컷을 다섯 컷 정도 선택한다. 스튜디오촬영과는 다르게 셀프촬영은 상당히 많은 변수가 작용한다. 날씨는 물론이고 갑작스런 인파로 인해 촬영을 못하게 된다든가, 시간대를 잘못 맞춰 원하는 분위기의 사진을 찍을 수 없게 되기도 한다. 그러다 보면 어정쩡한 컷만 몇 개 채우고 돌아오기 일쑤. 그런 상황을 미리 방지하기 위해서라도 마음에 드는 컷을 중심으로 우선순위에 있는 사진부터 촬영을 시작하는 것이 좋다.

모아둔 사진을 굳이 프린트할 필요는 없다. 태블릿 PC나 휴대전화 등에 저장해 가도 충분하다. 단, 사진을 찍어줄 사람과는 미리 자료사진을 공유할 필요가 있다. 촬영현장은 생각보다 몹시 분주하고 정신없기 때문에 사전에 촬영 콘셉트에 대해 간략하게나마 자신의 의사를 확실히 전달해두는 것이 필요하다.

포즈 연습하기

카메라 앞에 서면 차렷 자세로 표정이 굳어버린다. 군인 코스프레라도 하는 것일까? 다른 사람들이 찍은 사진을 보면 자연스러워 보이기만 한데 막상 내가 사진 속에 들어가 있으면 어색하기 그지없다. 전문 모델처럼 어깨를 펴고 허리를 세우고 엉덩이를 들어 올리는 고난이도 자세는 꿈도 못 꾼다. 아, 차라리 스튜디오촬영을 해서 사진작가가 시키는 대로 찍을 걸, 하는 후회가 들기도 한다.

하지만 포기하지 말자. 거듭 말하지만 셀프웨딩촬영은 어렵지 않다. 사진 속에 자신의 모습을 자꾸 담다 보면, 어느샌가 자연스러워진 내 모습을 발견할 수 있을 것이다.

추천 포즈 1

사랑스러운 얼굴로 마주보기

억지 웃음 지으며 카메라 앵글을 보지 않아도 된다.
시선이 닿은 곳에 사랑하는 내 님이 있으니
이보다 더 평온한 표정이 나올 수 있을까?
어느 웨딩사진에서나 빠지지 않는 것이
바로 마주보기이다.
가장 기본적이면서도 가장 사랑스러운
두 사람의 표정을 담을 수 있는 최고의 포즈.

추천 포즈 2
어색함을 그대로 담기

복고풍 사진을 보면 나란히 서 있는, 혹은 나란히 앉아 있는
두 남녀가 어색한 부동자세를 취하고 있는 경우가 많다.
표정도 어색하고 포즈도 어색한 이 사진들.
결혼을 앞둔 두 남녀의 긴장감이 보이는 듯도 하고,
그러나 가장 친숙해야 할 관계인 두 사람이 저러고 있으니
왠지 절로 웃음이 난다.

추천 포즈 3
아하하하하, 크게 웃기

그냥 웃는 거다. 입이 찢어지도록 크게 웃어보자.
눈동자가 안 보이고 눈가 주름이 지더라도,
웃는 그 순간만큼은 그저 행복해 죽겠는 사진.
생각보다 만족할 만한 사진을 남길 수 있을 것이다.
웃는 표정이 예쁘지 않다고 해서
일부러 웃는 수위를 조절하지는 말 것.
그러면 더 어색해진다.
그냥 아주 시원하게 빵빵 웃어보는 거다.

추천 포즈 4
새침데기 되기

곰 같은 마누라보다는 여우 같은 아내가 좋다고 했다.
그저 신랑이 좋다고 배시시 웃어대는 여자보다
가끔은 도도하게 신랑의 애간장을 태울 수 있는 아내가 되어야 한다.
그런 의미에서 신랑의 시선을 냉철하게 외면하는 듯한
도도한 표정을 지어보자.
각도만 잘 잡으면 상당히 아름다우면서도
세련된 모습을 담아낼 수 있다.

추천 포즈 5
살포시 어깨에 기대기

남자의 어깨란 언제 봐도 참 듬직하다.
앞으로 나의 삶을 함께 지고 가야 할
그의 널찍하고 든든한 어깨에 살포시 기대보자.
조용히 전해져 오는 나지막한 숨소리와 쿵쾅거리는 심장 소리가
신부의 마음까지도 콩닥콩닥 설레게 할 것이다.

추천 포즈 6

츄츄츄, 뽀뽀하기

몰래 하던 뽀뽀를 카메라 앞에서 대놓고 할 수 있는 시기는 지금뿐!
평소에는 부끄러워서 좀처럼 하지 못했던 뽀뽀 사진도,
웨딩촬영이라는 이름 앞에서는 조금 과감하게 남길 필요가 있다.
확 트인 공간에서의 뽀뽀 사진도 좋지만
은밀한 공간일수록 분위기가 더욱 무르익기도 한다.
진득한 키스보다는 수줍은 뽀뽀가 더 아름다운 느낌을 준다.

추천 포즈 7
점프! 점프! 점프!

코믹한 요소를 위해서는 한 장쯤 들어가면 좋은 포즈.
잘 차려입은 신랑 신부가 폴짝폴짝 뛰고 있는 모습을 담아보자.
'결혼해서 기분이 날아갈 듯 좋아요'라는 마음 속 감정을
점프 높이로 대신 표현할 것.
높이 뛰고 재미있는 자세일수록 사진은 더욱 경쾌해진다.

추천 포즈 8
손잡고 천천히 걷기

처음 손을 잡았던 그 순간만큼 떨렸던 순간이 있었을까.
그의 체온이 고스란히 내 피부에 전해지던 순간.
살짝 난 손의 땀마저 귀여워 보였던 순간.
지금껏 계속 잡아왔고 앞으로도 계속 잡게 될
서로의 손을 꼭 잡고 천천히 걸어보자.
서로 손을 잡고 걷는 연인의 뒷모습만큼
아름다운 사랑 사진은 흔치 않을 것이다.

Theme 03
꼭 얼굴이 나와야 하는 것은 아니다

얼굴 표정이 많은 것을 말해주기는 하지만 때로는 손짓 하나, 발짓 하나가 표정보다 훨씬 깊은 뜻을 전달하기도 한다. 웨딩촬영에서도 그렇다. 요즘 많은 커플이 진행하는 스냅사진을 보면 굳이 얼굴만 찍으려 하지 않는다. 손가락에 낀 반지, 신부의 손에 들린 부케, 신랑의 부토니아, 신랑의 옷매무새를 챙겨주는 신부의 손놀림 등이 촬영 소재가 되기도 한다.

잘못 나온 사진이라 생각할 수 있겠지만 그렇지 않다. 오히려 감각적인 연출로 단조로운 사진들 속에서 돋보이는 장치가 될 수 있다. 이런 사진에서는 정성껏 준비한 소품이 한층 더 빛을 발하기도 한다.

그의 부토니아를 정돈해준다.
역광으로 찍은 사진이라 애틋한 마음이 배가되는 것 같다.

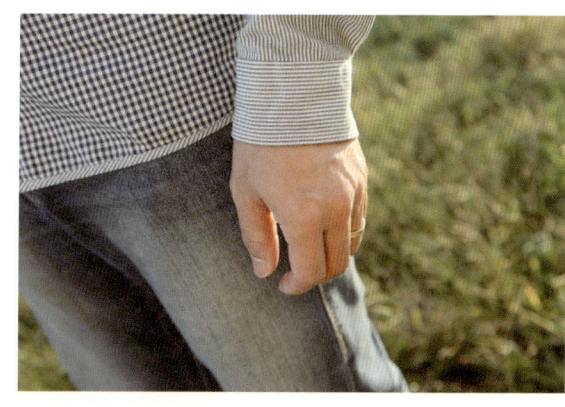

앙증맞은 보타이와 예쁜 부토니아.
그는 이제 나의 신랑입니다.

항상 따스한 그의 손.
그리고 손가락에 끼워진
우리의 맹세.

하얀 드레스와 잘 어울리는 하얀 부케.
살랑이는 바람마저 감사한 순간.

Step 03 **장소**와 **일정** 정하기

촬영 장소는 주인공인 커플 못지않게 중요한 촬영 요소다. 장소에 따라 촬영 콘셉트나 전체적인 분위기가 달라짐은 물론이고, 주인공의 디테일한 포즈까지도 제한될 수 있다. 하지만 웨딩촬영에 최고로 좋은 장소는 어디인가에 대한 정답은 없다고 말하고 싶다. 건물 한 동, 나무 한 그루 없는 황량한 벌판도 커플이 구상한 콘셉트와 어울린다면 최고의 촬영지가 될 수 있고, 여러 가지 배경 요소가 많아 인기 있는 곳들도 의외로 실망하는 경우가 있으니 말이다.

촬영 장소가 중요하긴 하지만 주인공만큼 중요하지 않다는 점을 염두에 두고 고르도록 하자. 지나치게 꾸밈이 많은 곳보다는 적당한 포인트 한두 가지만 있어서 심심하지 않으면서도 촬영하는 커플에게 포커스가 맞춰질 곳이 좋다. 그런 곳은 전국 방방곡곡에 수없이 많다. 어쩌면 우리 집 앞에 있는 공원이 그 배경이 될 수도 있고, 늘 산책하던 호숫가가 배경이 될 수도 있다.

한편, 촬영지를 선택할 때 함께 고려해야 할 것은 시간대다. 그 장소에 가서 원하는 분위기를 얻어내기 위해서 어느 시간대가 가장 적합한가 생각해보고, 거꾸로 꼭 한 번 시도하고 싶은 특정 시간대 촬영을 위해 장소를 나중에 고를 수도 있다.

촬영 시간대

사진은 시간대에도 많은 영향을 받는다. 건물 안에서 진행되는 스튜디오촬영이야 낮에 찍든 밤에 찍든 한결같은 사진이 나오지만, 야외에서는 같은 장소, 같은 구도로 촬영을 하더라도 시간대에 따라 분위기가 무척 달라진다. 각 시간대의 특성을 파악해 비교한 후 자신의 콘셉트와 가장 잘 어울리고 촬영하기에 편리한 시간대를 찾아 촬영 스케줄을 세우는 것이 현명하다.

이른 새벽

분위기 몽환적이고 신비로운 분위기를 연출할 수 있다.
장점 인적이 드물기 때문에 부끄러움이 많은 신부들에게는 좋은 시간대이다.
단점 운영시간이 정해져 있는 촬영 장소는 입장하지 못할 수도 있다.
이른 시간부터 준비해야 하기 때문에 많이 피곤할 수 있다.
겨울 촬영은 어둡기 때문에 힘들다.

ⓒ 민트나무작업실

아침부터 오전

분위기 싱그럽고 상쾌한 느낌을 연출할 수 있다.
장점 평소 생활 패턴대로 준비할 수 있어 피로도가 적은 편.
주변에 사람도 많지 않아 여유로운 촬영이 가능하다.
단점 교통체증으로 인한 스케줄 지연의 우려가 있다.

낮

분위기 경쾌하고 일상적인 느낌. 가장 무난한 촬영이 가능하다.
장점 체력적으로 가장 부담 없이 준비할 수 있다.
햇빛을 이용해 다양한 콘셉트 촬영이 가능하다.
단점 햇빛이 강하기 때문에 원하는 구도로 사진을 찍지
못하거나, 찍은 사진의 노출 정도가 좋지 않은 경우가 많다.
인파가 많은 시간대로 촬영에 지장을 받을 수도 있다.

일몰 무렵

분위기 아련하고 로맨틱한 분위기를 연출할 수 있다.
장점 노을을 배경으로 분위기를 한껏 살릴 수 있다.
단점 연출할 수 있는 사진이 한정적이다.
　　　금세 어두워지기 때문에 시간을 여유롭게 활용할 수 없다.

밤

분위기 은밀한 분위기, 도시적인 분위기를 연출할 수 있다.
장점 다른 시간대에 하지 못했던 살짝 과감한 포즈도 시도할 수 있다.
　　　표정이나 포즈를 디테일하게 연출하지 않아도 되므로 한결 가볍게 촬영할 수 있다.
　　　도시의 야경을 활용해 색다른 분위기를 연출할 수 있다.
단점 어색한 사진이 연출될 우려가 있다.
　　　인공적인 조명이 필요하므로 자연 속에서의 촬영은 어렵다.
　　　초점이 안 맞거나 흔들림이 심한 사진이 나올 가능성이 높다.

촬영장소

숲

초록빛은 언제나 경쾌하다. 그리고 다른 자연보다 숲이라는 공간이 가진 약간의 폐쇄성은 사진의 분위기를 더욱 은밀하게 만들어준다. 피톤치드 가득한 쾌청한 공간에서 가장 자연스러운 모습으로 웨딩사진을 남겨보자. 숲의 싱그러움이 앞으로의 두 사람의 미래에도 한가득 전해질 것만 같다.

공원

지역마다 대표 공원이 있고, 잘 알려지지 않은 근린공원도 많다. 독특한 테마가 있는 공원, 자연을 그대로 살린 공원, 그리고 우리 주위에서 쉽게 접할 수 있는 공원에서도 촬영을 해보자.
공원에 있는 시설물을 촬영 세트로 활용할 수도 있고, 드넓은 자연을 그대로 배경으로 삼아도 좋다. 멀지 않아 좋고, 친숙해서 더 좋은 공원이야말로 셀프촬영을 위한 공공 무대가 아닐까 싶다.

수목원

수목원만큼 셀프촬영에 적합한 장소도 드물다. 숲이면 숲, 들판이면 들판, 연못이면 연못, 우리가 접할 수 있는 자연의 모습 대부분을 한곳에 모아둔 데다 길도 반듯하게 나 있어서 다양한 배경을 편리하게 담을 수 있다. 특히 잘 조경된 식물들 사이로 예쁘게 난 길 위에서 사진을 찍어보자. 인공세트로는 감히 연출하지 못할 멋진 구도를 얻을 수 있을 것이다.

바다

파란색만큼 사람의 마음을 시원하게 해주는 색도 없다. 파란 하늘과 파란 바다. 수평선이 희미하게 보이는 그런 짙은 푸름을 배경으로 사진을 남겨보자. 바다처럼 넓고 깊게 영원히 당신을 사랑하겠다는 서로의 다짐이 사진 속에 자연스레 녹아들 것이다. 단, 바닷가는 바람이 많이 불기 때문에 옷매무새나 표정 관리에 특히 신경쓸 것.

민속촌·한옥마을

사진 속에 한국의 전통미를 함께 담고 싶다면 두말할 것 없이 민속촌이나 한옥마을을 찾자. 궁궐 촬영도 추천할 만하다. 굳이 먼 곳까지 나가고 싶지 않다면, 도시 곳곳에 있는 동헌이나 옛 관아, 서원 등에서 촬영을 진행해도 좋다. 검은 기와 아래 낮은 흙담이 주는 정겨움은 두 주인공을 세상에서 가장 훈훈한 선남선녀로 만들어줄 것이다.

성당

한국에서 가장 쉽게 이국적인 느낌을 낼 수 있는 방법 중의 하나. 가까운 성당을 찾아가 촬영을 해보자. 경건하면서도 성스러운 분위기가 두 사람의 결혼을 한층 품격 있게 만들어줄 것이다. 단, 미사 시간은 피하고, 사전에 성당측의 동의를 받아 촬영할 것. 공공시설이므로 피해를 주는 행동은 자제해야 한다.

© 게스트하우스 무무 © 마루와아라

펜션

펜션만큼 인기 있는 웨딩촬영 장소도 드물다. 스튜디오 못지않게 다양한 배경과 소품을 갖추고 객실마다 독특한 콘셉트를 자랑하며 수려한 자연경관까지 덤으로 만날 수 있으니 말이다. 특히 요즘에는 셀프웨딩촬영을 위한 전용 펜션도 우후죽순으로 생겨나고 있다. 펜션에서 편안하게 휴식을 취하고 여행의 즐거움도 맛보면서 촬영을 진행해보자. 1석 3조의 만족스러운 촬영여행이 될 것이다.

© 마루와아라

스튜디오

요즘은 스튜디오만 대여해주는 곳도 늘고 있다. 온라인 쇼핑몰의 상품 촬영 장소로 쓰이던 작은 스튜디오들이 최근에는 셀프웨딩촬영을 하는 커플들에게도 인기가 좋다.
펜션처럼 멀리 지방으로 나가지 않아도 되고 도시적인 감각이 물씬한 다양한 배경에서 촬영을 할 수 있다는 것이 장점. 촬영을 위한 조명이나 시설도 잘 갖춘 곳이 많아 다른 장소보다 손쉽게 촬영할 수 있기도 하다. 단, 대여료가 다른 촬영지에 비해 비교적 비싸다는 단점이 있다.

연인의 추억 스폿

우리가 처음 마주쳤던 캠퍼스 안, 늘 함께 걷던 집 앞 골목길, 첫키스를 나누던 놀이터의 그네, 자주 가던 카페 등. 익숙한 장소, 추억이 담긴 장소에서 촬영을 해보자.
추억에 또 다른 추억을 입혀 더욱 오랫동안 간직할 수 있음은 물론이고, 평소 잘 알던 곳이기에 낯설지 않게 촬영할 수 있을 것이다.
단, 대부분의 추억 스폿은 많은 사람들이 이용하는 공공장소일 가능성이 높으므로 사람들의 시선을 피하기 쉽지 않다는 사실!
진짜 모델이라도 된 것처럼 부끄러워 말고 당당하게 촬영에 임해보자.

허니문

허니문을 떠날 때 카메라를 들고 가지 않는 사람은 없다. 근사한 도시나 쉽게 접할 수 없는 웅장한 자연, 일생에 한 번 갈까 말까 한 근사한 풀빌라에서 사진을 남길 것이라면 하얀 드레스와 부케, 신랑의 셔츠와 보타이 정도는 가볍게 지참해 가자.
단순히 여행 인증을 위한 사진이 아니라 여행을 하는 '우리'가 사진의 주인공이 된다. 사진의 퀼리티가 높아짐은 물론이고 그 의미 또한 남다르다.

신혼집

정성스레 꾸민 신혼집도 훌륭한 셀프웨딩촬영의 장소가 될 수 있다. 신혼만의 감성으로 아기자기하면서 사랑스럽게 꾸민 내 집.
인생에 있어 처음으로 직접 갈고 닦은 나만의 공간이자 사랑하는 사람과 함께할 수 있는 그 공간에서 기록을 남기는 것만큼 의미 있는 촬영도 없을 것이다.
콘셉트를 잡아 드레스를 입고 촬영해도 좋고, 가전제품의 광고 모델이라도 된 듯 음식을 만드는 모습이나 함께 빨래를 너는 모습 등을 카메라에 담는 것도 좋다.
새로 마련한 침구에서 자연스러운 두 사람의 모습을 담는 것도 색다른 느낌을 줄 것이다.

Theme 04
계절별 촬영 노하우

우리나라의 결혼 시즌은 봄과 가을이다. 그러므로 웨딩촬영은 여름과 겨울에 하는 경우가 많다. 가만히 서 있기만 해도 땀이 줄줄 흐르는 여름과 1분만 밖에 나가 있어도 코끝이 얼어버릴 듯한 겨울. 촬영을 하기에 좋지 않은 계절이다. 그렇다고 봄과 가을이 마냥 좋은 것은 아니다. 본격적이 나들이 철이 되면서 전국 곳곳에 인파가 몰린다. 추위 못지않은 장애가 될 수 있는 구경꾼들. 부끄럼 많은 커플이라면 차라리 여름이나 겨울을 더 선호할지도 모르겠다.

봄
싱그러운 기운이 감도는 포근한 봄. 푸른 잔디밭이나 공원에서 촬영을 해보자. 날씨가 좋아 촬영을 하기에도 지장이 없고, 곳곳에서 알록달록한 꽃들이 피어나는 시기이므로 어디에 카메라를 갖다 대도 만족할 모습을 담을 수 있을 것이다. 특히 4월 초부터 시작되는 벚꽃 시즌은 로맨틱함을 한층 더 끌어올릴 최고의 촬영 시기. 단, 많은 인파가 몰리는 때이므로 주말보다는 평일, 오후 시간대보다는 오전 시간대에 촬영 스케줄을 잡는 것이 좋다.

여름
한낮의 열기가 가득한 낮에는 잠시 서 있기만 해도 지쳐 촬영하기가 쉽지 않다. 그럼에도 여름에 촬영을 해야 한다면, 이른 새벽부터 부지런히 준비해 오전 중에 촬영을 끝내는 것이 좋다. 가벼운 소재의 드레스를 입고 푸른 바다로 나서보자. 여름철 최고의 여행지인 바다도 이른 아침에는 의외로 한적한 경우가 많다. 보기만 해도 가슴 속까지 시원해지는 푸른 바다와 높은 하늘을 배경 삼아 한층 더 아름다운 장면을 남길 수 있을 것이다.

가을

가을엔 도시에서 촬영을 진행해보자. 산 속에서 알록달록 물든 단풍을 바라보며 촬영해도 좋지만, 가을이라는 계절적 분위기와 도시 곳곳에 흐드러진 낙엽이 이루는 조화는 감성의 최고조를 이룬다. 노란 은행잎이 깔린 골목길이나 동네 작은 공원의 벤치 등에서 짙은 감성을 사진에 담아보자. 야외 테라스가 있는 분위기 좋은 카페에서 따뜻한 커피 한 잔과 함께 촬영하는 것도 좋다.

ⓒ 민트나무작업실

ⓒ 장명인

겨울

당당하게 추위를 돌파해보자. 춥다고 웅크리면서 드레스 위에 패딩 점퍼를 입고 촬영할 수는 없는 노릇이다. 한겨울 추위도 거뜬히 이겨낸다는 생각으로, 조금은 과감하게 촬영에 임하자. 푸름이 사라진 산이나 들로 나가는 것보다는, 거칠지만 매력 있는 푸른 바다나 하얗게 눈 덮인 고원지대를 찾아가 촬영하는 것도 좋다. 스키나 보드를 즐기는 사람이라면 스키장 웨딩촬영도 좋은 선택. 이색적인 경험이 됨은 물론이고 서로의 체온만으로도 충분히 따뜻한 겨울 촬영을 할 수 있을 것이다. 단, 겨울은 낮이 짧으므로 촬영을 빠르게 해내는 것이 중요하다.

[규호짱의 Tip] 눈 내리는 사진 잘 찍는 노하우

눈발이 하늘하늘 흩날릴 때 사진을 찍는 것만큼 로맨틱한 촬영도 없을 것이다. 눈 내리는 순간의 컷을 위해 추위도 무릅쓰고 겨울 촬영을 감행하는 커플이 있을 정도니 말이다. 하지만 웬일인지 내리는 눈을 카메라에 포착하기가 좀처럼 쉽지 않다. 이럴 때는 카메라에 내장된 플래시를 터뜨리는 강제발광을 활용해보자. 하얀 눈이 플래시에 반사되어 선명하면서도 분위기 있는 사진을 연출할 수 있다.

Step 04 **사진** 찍기

준비물도 챙겼고 장소 섭외에 콘셉트까지 확정했다면, 이제 남은 일은 멋들어지게 사진을 찍는 것뿐이다.

요즘 사람들은 틈날 때마다 사진을 찍으며 논다. 하지만 웨딩사진도 그렇게 쉬운 '사진 찍기' 중의 하나로 생각해버려서는 곤란하다. 인생에서 가장 소중하고 아름다운 순간의 기록이기도 하고, 평범한 사진 찍기와는 다르게 만반의 준비를 하고 진행하는 일이기 때문이다. 웨딩사진은 결혼이라는 가장 아름다운 순간을 함께해준 사람들에게 보여주기 위한 사진이라는 점도 대충 찍어서는 안 될 이유다.

그렇다고 너무 겁먹지는 말자. 사진은 쉽게 찍고자 하면 쉽고, 어렵게 찍고자 하면 하염없이 어려운 법이니. 여기서 나의 신랑 규호짱이 전하는 몇 가지 스킬만 제대로 익혀두면 사진 찍기는 누워서 떡 먹기 만큼 쉽고 즐거운 일이 될 수 있다.

카메라의 구성 요소

그저 셔터만 누를 줄 아는 사람이 완성도 높은 사진을 찍을 수는 없다. 카메라의 기본적인 기능 정도는 파악하고 찍어야 '촬영'이라는 단어를 붙여도 부끄럽지 않을 것이다. 카메라를 제대로 사용하기 위해 알아두면 좋은 카메라의 구성 요소를 공부해보자.

조리개

조리개는 사람의 눈에 비유할 때, 홍채 가운데에 있는 동공과 같은 역할을 한다. 렌즈 안에 있으며 구멍 크기를 키우거나 조여 빛의 양을 조절하는 장치다. 즉, 조리개가 열리면 빛이 많이 들어오고 조리개를 조일수록 빛이 적게 들어온다. 카메라에 따라 그래픽으로 조리개의 열림 정도를 표시해주거나 글로 설명해주는 것도 있지만, 대부분 숫자로 그 정도를 표시한다. 단, 숫자가 작을수록 조리개가 많이 열린 것이고 클수록 조여진 상태라는 점을 명심할 것. 셔터와 구분하기 위해 조리개 값은 숫자 앞에 영문 F를 붙여서 F4, F8 등과 같이 표시한다.

F4

F8

F16

반사경(미러)

몸체에서 렌즈를 분리하면 반사경이 보인다. 45도로 비스듬하게 놓여 있어 렌즈로 들어온 빛을 위쪽으로 반사시킨다. 셔터를 누름과 동시에 위쪽으로 올라와서 이미지센서에 빛이 들어가게 해준다.

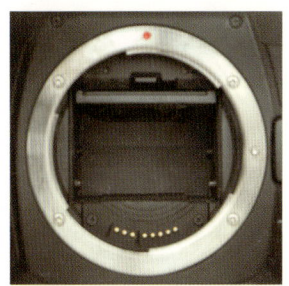

반사경

셔터

이미지센서 앞에서 들어오는 빛을 막고 있다가, 셔터를 누르면 앞에 있는 반사경이 위로 올라가고 그 다음 셔터막이 열린다. 셔터막이 열리고 닫히는 시간을 변화시켜 들어오는 빛의 양을 조절한다. 셔터속도가 느릴수록 빛이 많이 들어오고 빠를수록 빛이 적게 들어온다.

셔터

이미지센서(CMOS)

이미지센서는 디지털카메라에서 가장 중요한 부품이라 할 수 있다. 이미지센서에 닿은 빛의 강약에 따라 전기신호의 강약이 조절되어 화상이 디지털파일로 변환된다. 필름과 같은 역할을 하는 이미지센서는 CMOS(씨모스)와 CCD(씨씨디)로 나뉘는데, 최근에는 대부분 CMOS를 사용한다. 이미지센서의 면적이 넓을수록 화질 좋은 사진이 나올 수 있다.

이미지 센서

초점 맞추기

요즘은 카메라가 얼굴을 인식해서 자동으로 피사체에 초점을 맞춰주는 등 초점 조절이 훨씬 간편해졌다. 그러나 오히려 자동이 불편한 경우도 있다. 그럴 때는 초점 방식을 중앙고정방식으로 바꾸고 반셔터를 이용해보자. 반셔터는 반누름이라고도 하는데, 셔터를 살짝 누르고 있으면 카메라가 스스로 초점을 맞춘다. 초점이 한 번 맞으면 셔터에서 손가락을 떼지 않는 이상 움직이지 않는다. 따라서 화면 가운데에 초점을 맞추고자 하는 피사체를 놓고 반셔터로 초점을 맞춘 다음 카메라를 이동하면서 원하는 프레임을 만들어 촬영하면 된다.

 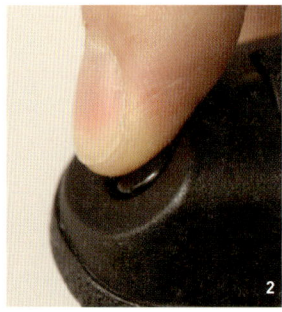 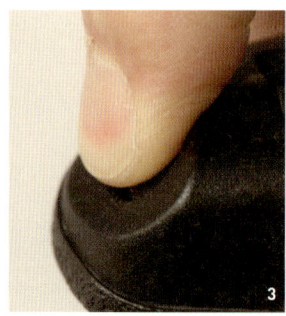

1 셔터버튼
2 반셔터
3 촬영

아래 사진처럼 인물이 중앙에 있지 않고 화면 가장자리에 있는 경우 초점을 잘못 맞추기 쉽다. 이럴 때는 초점 방식을 중앙고정방식으로 바꿔 원하는 곳에 초점을 맞춰보자.

초점을 잘못 맞춘 예. 배경 건물에 초점이 맞아 선명하게 나오고, 인물은 초점이 맞지 않아 흐릿해졌다.

초점 맞추기 실전

① 우선 찍고자 하는 대상을 화면 가운데에 놓고 반셔터를 누른다.

② 반셔터로 초점을 맞춘 상태. 반셔터를 유지한 채로 카메라를 움직여 원하는 구도를 잡는다.

③ 구도를 잡은 후 손가락에 힘을 더 주어 셔터를 누른다. 찰칵!

줌렌즈 100퍼센트 활용하기

우리는 단순히 움직이기 귀찮아서 줌렌즈를 사용하는 경우가 많다. 줌을 이용하면 앞뒤로 움직이지 않아도 편하게 거리를 조절해서 사진을 찍을 수 있기 때문이다. 그러나 줌렌즈의 광학적인 효과를 모르는 대다수 사람들은 줌렌즈를 움직임에 따라 배경도 변한다는 사실을 깊게 생각하지 못한다.

간단히 말해 광각으로 찍으면 원근감이 커지고, 망원으로 갈수록 원근감이 줄어든다. 오른쪽 사진 두 장을 비교해보자. 인물 크기는 비슷한데 배경은 확연하게 다르다. 광각으로 찍은 위쪽의 사진은 원근감이 커져서 배경이 멀고 넓게 나왔다. 아래쪽 사진은 줌을 당겨서 망원으로 찍었다. 줌을 최대한 당기면 인물이 커지기 때문에 몇 발자국 뒤로 물러나서 찍었다. 원근감이 줄어들면서 배경이 한층 가깝게 느껴진다.

이러한 '원근감 변화'를 잘만 활용하면 지저분한 배경을 정리하거나 먼 배경을 가까이 있는 것처럼 촬영할 수 있다.

광각(24mm)으로 촬영. 배경이 넓고 작게 보인다(원근감이 크다).

망원(70mm)으로 촬영. 배경이 좁고 크게 보인다(원근감이 작다).

배경을 흐리게 하거나 선명하게 만들기

인물이나 어떤 대상을 찍을 때 배경을 흐리게 하는 것은 아웃포커스 out of focus라고 하고, 인물과 배경이 모두 선명하게 나오는 것을 팬포커스 pan focus라 한다.

여기에서 '피사계심도'라는 말을 알아두면 좋다. 줄여서 심도라고 한다. 심도는 간단히 말해서 초점이 맞는 범위다. 아웃포커스는 초점이 맞는 범위가 좁기 때문에 '심도가 얕다'고 말하며, 팬포커스는 초점이 맞는 범위가 넓어서 '심도가 깊다'고 말한다. 심도는 깊이에 관련된 단어라 '얕다' '깊다'로 표현한다.

심도를 변화시키는 방법은 조리개 변화, 줌 변화, 거리 변화 3가지가 있다.

조리개 변화

가장 대표적인 심도 조절 방법으로 조리개를 열면 심도가 얕아지고, 조리개를 조이면 심도가 깊어진다.

> **규호짱의 Tip**
>
> **조리개 우선모드**
> 촬영시 자동모드로 찍으면 조리개를 내 마음대로 변화시킬 수 없다. 촬영 모드를 A/AV모드(조리개 우선모드)에 놓아야 조리개를 내 마음대로 변화시킬 수 있으며, 조리개 변화에 따라 셔터 속도도 자동으로 움직인다.

[F4 1/250초] 조리개를 열었다. 심도가 얕아 초점이 맞은 부케 외의 배경이 모두 아웃포커싱되었다.

[F18 1/60초] 조리개를 조였다. 심도가 깊어 부케와 인물, 그 뒤의 배경까지 선명하게 나왔다.

줌 변화

요즘 대부분의 카메라가 표준계열 줌렌즈를 장착하고 있는데, 표준계열 줌렌즈란 적당한 광각에서 망원까지 변화하는 렌즈를 말한다. 촬영할 때 망원으로 찍으면 심도가 얕고, 광각으로 찍으면 심도가 깊은 사진이 나온다.

아래는 촬영 노출값이 동일한 제자리에서 한 번은 망원으로 찍고 한 번은 광각으로 찍어 비교한 것이다. 위의 사진은 줌렌즈로 망원(105mm)에 놓고 찍어 배경이 아웃포커스 됐다. 하단 사진은 광각(24mm)에 놓고 찍었는데 조리개를 열고 찍었음에도 뒷배경이 비교적 선명하게 보인다.

[F4 1/60초] 망원(105mm)으로 촬영. 피사계심도가 얕다.

[F4 1/60초] 광각(24mm)으로 촬영. 피사계심도가 깊다.

규호짱의 Tip

광각과 망원

기본적으로 렌즈는 광각일수록 화각이 넓어지고 망원일수록 화각이 좁아진다. 광각일수록 심도가 깊어져서 선명한 효과를 주고, 망원은 초점을 맞춘 부분 외에는 흐려지기 쉽다. 쉽게 말해 웨딩사진을 찍을 때 인물 중심으로 아웃포커스가 되길 원한다면 망원으로, 배경의 비중을 높여 인물과의 조화로운 모습을 원한다면 광각으로 찍는 것이 좋다.

촬영거리 변화

촬영거리가 가까우면 심도가 얕아지고, 촬영거리가 멀면 심도가 깊어진다.

아래는 줌을 사용하지 않고 조리개도 변화시키지 않은 채 촬영 거리만 변화를 준 두 장의 사진이다. 위의 사진이 아래 사진보다 심도가 더 얕다.

[F4 1/50초] **가까이**에서 촬영. 피사계심도가 얕다.

[F4 1/50초] **멀리서** 촬영. 피사계심도가 깊다.

이상 세 가지 방법에서 알 수 있듯, 최대한 아웃포커스를 많이 준 사진을 찍고자 한다면 조리개를 열고 줌을 망원으로 한 후 가까이에서 촬영하면 효과가 극대화될 것이다.

조리개를 열고, 줌은 망원으로, 가까이에서 촬영하면 피사계심도가 가장 얕은 사진을 찍을 수 있다.

흔들리거나 흔들리지 않거나

사진의 흔들림 현상은 셔터속도와 연관이 있다. 셔터속도가 빠르면 흔들림이 줄어들고, 셔터속도가 느리면 흔들린 사진을 찍기 쉽다. 그럼 흔들림 없이 안전하게 찍을 수 있는 속도는 어느 정도일까? 정답은 없다! 예를 들어 셔터스피드가 1/30초라고 해도 광각에서는 흔들림 없이 찍을 수 있으나 망원에서는 흔들리기 쉽고 찍는 사람, 찍히는 사람에 따라 전부 다르게 나타난다. 삼각대를 세워놓고 찍어도 인물이 움직이면 소용없는 것이다. 셔터속도에 대한 감이 안 오는 분들을 위해 간단히 말한다면 광각에서는 1/30초, 망원에서는 1/60초보다 느리게 찍으면 흔들린 사진을 얻을 확률이 높다.

규호짱의 Tip

흔들리지 않는 사진 찍기

움직이고 있는 사진을 찍기 위해 카메라를 S/TV모드(셔터우선모드)에 놓고 찍는 사람도 있다. 셔터속도를 수동으로 변화시키면 조리개가 자동으로 변하는 반자동 모드가 된다. 그러나 규호짱은 이 모드를 잘 사용하지 않는다. 이유는 셔터의 범위가 조리개의 범위보다 더 넓기 때문이다. 조리개가 움직이는 범위를 벗어난 셔터속도는 노출 부족 또는 노출 과다로 사진을 망치기 때문에 사용해도 의미가 없다.

적정 노출은 셔터와 조리개가 알맞은 빛의 양을 받아들여야 이루어지기 때문에 셔터도 조리개의 범위 안에서 변화해야만 한다. A/AV모드(조리개우선모드)에서 조리개를 열면 열수록 셔터속도는 빨라지고 조리개를 조일수록 셔터속도는 느려지는데, 움직이는 피사체를 찍을 경우 이 방법을 이용해 촬영하면 된다.

하지만 무조건 흔들리지 않은 사진이 좋은 것은 아니다. 때로는 흔들림 있는 사진이 전체 분위기와 어울려 괜찮아 보이는 경우도 있다. 가끔은 사진을 찍고자 하는 분위기에 따라 살짝 흔들림을 주어 찍어보자. 의외의 작품이 나올지도 모른다.

[F4 1/1600초] 셔터속도가 빠르다.   [F22 1/15초] 셔터속도가 느리다.

태양, 제대로 활용하자

야외촬영을 할 때 태양의 방향을 제대로 알고 찍으면 같은 공간에서도 전혀 다른 분위기의 사진을 연출할 수 있다.

무난한 사진 찍기 - 순광

카메라가 태양을 등지고 있는 경우가 순광이다. 순광은 비교적 무난한 사진을 찍을 수 있으나 햇빛이 강할 때는 촬영대상이 카메라를 바라보기 어려울 만큼 눈이 부시기 때문에 자연스럽고 편한 표정을 짓기 힘들다. 따라서 햇빛이 너무 강할 때는 그늘에서 찍는 편이 오히려 좋은 사진을 얻을 수 있다. 또 지나치게 맑은 날보다는 어느 정도 흐린 날에 무난한 사진을 찍기가 좋다.

조심해야 할 사진 – 측광

측광은 촬영대상의 측면으로 햇빛이 비치는 경우이다. 잘 활용하면 멋진 사진을 만들 수 있으나 잘못 찍으면 그림자 때문에 사진을 망친다. 측광 촬영을 할 때는 얼굴에 그림자가 지는 것을 특히 조심해야 하며, 촬영하면서 수시로 확인하는 것이 좋다.

분위기 있는 사진 만들기 - 역광

카메라가 태양을 바라보거나 촬영대상이 태양을 등지고 있는 경우가 역광이며, 이 역시 잘 이용하면 분위기 있는 사진을 많이 찍을 수 있다. 촬영 방법은 두 가지로 나눌 수 있는데 하늘에 노출을 맞추는 방법과 인물에 노출을 맞추는 방법이다. 하늘에 노출을 맞추면 인물은 검게 실루엣으로 처리되며, 인물에 노출을 맞추면 하늘은 하얗게 날라버리지만 인물이 분위기 있게 나온다.

규호짱의 Tip

노출 보정

A/AV 모드에 놓고 역광 사진을 찍으면 상황에 따라 어둡게 나올 수도 있고 밝게 나올 수도 있다. 이때 간단하게 노출의 밝기를 조절할 수 있는 방법이 노출보정이다. 어둡다면 +쪽으로, 밝다면 -쪽으로 노출보정을 한 후 촬영해보자. 훨씬 부드러운 느낌의 역광사진을 얻을 수 있을 것이다.

[F11 1/5000초] 하늘에 노출을 맞춘 경우

[F11 1/1600초] 인물에 노출을 맞춘 경우

Part 3

사진의 완성, 포토샵

화장품과 운동이 여성의 아름다움을 후가공한다면, 사진을 후가공하는 것은 두말할 것 없이 포토샵이다. 특히나 웨딩사진의 50퍼센트는 포토샵이 만든다고 해도 과언이 아니다. 전문 스튜디오에서 찍은 사진도 포토샵으로 보정한 것과 보정하지 않은 것의 차이는 상당하다. 내 사진은 내 포토샵 기술로 지켜낸다는 생각으로 이번 파트에 몰두해보자. 한 가지 단점으로 포기했던 사진들이 최고의 걸작으로 다시 태어나 웨딩 앨범을 가득 채워줄 것이다.

Step 01 포토샵 기본 정보

포토샵, 어렵지 않아요

포토샵을 어려워하는 사람들이 많다. 애초부터 포토샵은 전문가의 영역이라고 생각하는 사람도 있다. 맞다. 포토샵은 어렵다. 하지만 어려운 포토샵이란 아주 고난이도의 작업을 하는 사람들에게만 해당하는 것이라고 말하고 싶다. 굵게 나온 팔뚝을 보정하고, 미처 힘주지 못한 뱃살을 집어넣고, 바람에 흩날리는 머리카락을 정돈하고, 역광으로 까맣게 나온 사진을 분위기 있게 보정하는 것 정도는 간단한 툴 기능만 몇 개 습득하면 누구나 할 수 있는 스킬이다.

조심스레 하는 말이지만, 나도 포토샵 정품 프로그램만 컴퓨터에 깔아놨을 뿐 잘난 강의 하나 듣지 않고 독학으로 습득했다. 아, 독학이라는 학습적인 표현도 조금은 무리일까? 포토샵 프로그램에 사진 하나 띄워놓고 이것 조금, 저것 조금 만지다 보니 어느새 내가 원하던 사진 연출을 할 수 있게 되었다. 내가 원하는 스타일대로의 보정은 얼마든지 가능한 실력이 되었지만 사실은 딱 거기까지다. 하지만 다행히도 내가 좋아한 보정 스타일은 웨딩이라는 테마는 물론이고 일상을 조금 더 감성적이고 로맨틱하게 담아내는 데 적합했고, 나름대로 포토샵 숙련자처럼 보이는 스킬을 자랑할 수 있게 되었다.

이 글을 읽고 있는 독자 여러분도 얼마든지 가능하다. 그동안 열심히 작업해온 포토샵 실험을 일목요연하게 정리해 핵심만 뽑아놓았으니 주목하시라.

포토샵이 뭐지?

포토샵은 미국의 어도비시스템이 개발한 그래픽 편집 소프트웨어다. 처음 포토샵을 만나는 사람들은 7.0, 8.0, CS 어쩌고 하는 말이 붙은 수많은 버전을 보게 된다. 숫자만 달랑 붙어 있는 것보다는 CS로 나가는 것들이 최신 버전이다. 2012년 9월 기준으로 가장 최신 프로그램은 포토샵 CS6이다. 하지만 최신 프로그램이라고 해서 무조건 좋은 것은 아니니 적당한 것을 선택해 쓰면 된다. 참고로 내가 사용하는 버전은 CS5이다.

포토샵 라이트룸이라는 프로그램도 있는데, 이는 사진 보정에 필요한 주요 기능만 있고 레이어 편집이나 합성 기능은 없다. 다시 말해 사진 자체를 보정할 수는 있지만 다리 길이를 늘이고 팔뚝이나 배를 날씬하게 보이게 하는 등의 웨딩사진 맞춤형 기능은 부족하다.

포토샵, 어떻게 구하지?

가장 좋은 방법은 정품을 구입하는 것. 하지만 100만 원을 훌쩍 넘기는 가격 때문에 선뜻 구입하기가 쉽지 않다.

정품이 부담스러우면 체험판을 사용해보자. 체험판 사용 기간인 30일은 셀프촬영으로 찍은 사진들을 보정하기에 충분한 시간이다.

그리고 최근에는 인터넷상에서도 포토샵을 할 수 있는 사이트(pixlr.com/editor)가 생겼다. 간단한 작업들은 어느 정도 처리 가능하니, 체험판을 다운로드하기 어려운 사람이라면 한 번쯤 이용해봐도 좋겠다. 아, 개념 있고 센스 넘치는 신부들이라면 온라인 불법 다운로드는 하지 않는다는 사실을 명심할 것!

지아꼬의 Tip

기본적으로 알고 있으면 좋은 포토샵 단축키 (★는 자주 사용하는 키)

File

새 파일
`ctrl` + `N`

불러오기★
`ctrl` + `O`

파일 닫기
`ctrl` + `W`

저장하기★
`ctrl` + `S`

다른 이름으로 저장하기★
`shift` + `ctrl` + `S`

프린트하기
`ctrl` + `P`

포토샵 종료
`ctrl` + `Q`

Edit

이전 단계로 되돌리기★
`ctrl` + `Z`

한 단계 앞으로
`shift` + `ctrl` + `Z`

한 단계 뒤로
`alt` + `ctrl` + `Z`

잘라내기
`ctrl` + `X`

복사★
`ctrl` + `C`

붙여넣기★
`ctrl` + `V`

선택영역 붙여넣기
`shift` + `ctrl` + `V`

채우기
`shift` + `F5`

자유변형하기★
`ctrl` + `T`

*다리 길이 늘일 때 사용

Image

레벨
`ctrl` + `L`

커브*
`ctrl` + `M`
*기본적인 밝기, 색감, 콘트라스트를 한 번에 보정 가능

색조/채도*
`ctrl` + `U`
*지나치게 뚜렷한 색감을 빈티지하게 뺄 때

컬러 밸런스
`ctrl` + `B`

채도 감소
`shift` + `ctrl` + `U`

Layer

새 레이어*
`shift` + `ctrl` + `N`
*빈티지 보정시 레이어 추가

선택영역 복제
`ctrl` + `J`

영역 잘라서 복제
`shift` + `ctrl` + `J`

레이어 그룹
`ctrl` + `G`

레이어 그룹 해제
`shift` + `ctrl` + `G`

레이어 합치기
`ctrl` + `E`

보이는 레이어 합치기
`shift` + `ctrl` + `E`

Select

모두 선택*
`ctrl` + `A`

선택영역 해제*
`ctrl` + `D`

재선택
`shift` + `ctrl` + `D`

선택영역 반전
`shift` + `ctrl` + `I`

View

확대 보기
`ctrl` + `+`

축소 보기
`ctrl` + `-`

실제 크기로 보기
`ctrl` + `1`

가이드 감추기
`ctrl` + `H`

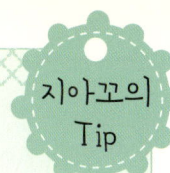

Window

액션
`alt` + `F9`

브러시
`F5`

컬러
`F6`

인포
`F8`

레이어
`F7`

Filter

픽셀유동화*
`shift` + `ctrl` + `X`

*포토샵 성형시 가장 중요한 툴

기타

전경색 채우기*
`alt` + `Delete`

바탕색 채우기
`ctrl` + `Delete`

선택 툴 이해하기

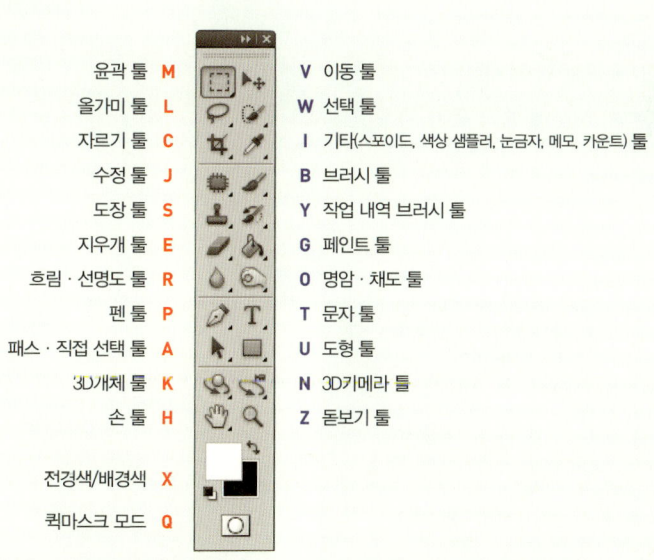

윤곽 툴 M — V 이동 툴
올가미 툴 L — W 선택 툴
자르기 툴 C — I 기타(스포이드, 색상 샘플러, 눈금자, 메모, 카운트) 툴
수정 툴 J — B 브러시 툴
도장 툴 S — Y 작업 내역 브러시 툴
지우개 툴 E — G 페인트 툴
흐림·선명도 툴 R — O 명암·채도 툴
펜 툴 P — T 문자 툴
패스·직접 선택 툴 A — U 도형 툴
3D개체 툴 K — N 3D카메라 툴
손 툴 H — Z 돋보기 툴
전경색/배경색 X
퀵마스크 모드 Q

 ## 아주 간단하게 **포토샵 끄적이기**

사진 밝기 조절하기

가장 손쉽게 사진 분위기를 바꿀 수 있는 방법은 밝기 조절이다. 어두워서 칙칙해 보이던 사진도 밝기만 살짝 조절해주면 절로 생기가 느껴진다. 특히 웨딩촬영처럼 긍정적이고 행복함이 물씬 풍겨야 하는 사진에서 화사함은 사진 표현의 핵심이다.
포토샵에서 사진 밝기를 보정하는 가장 대표적인 방법으로는 레벨Levels, 커브Curves, 밝기/대비(콘트라스트)Brightness/Contrast가 있다. 그 중 지아꼬가 가장 애용하는 레벨과 커브 사용법을 소개한다.

레벨Level

레벨은 이미지의 밝기와 명암을 보정할 때 쓰는데, 포토그래퍼나 디자이너들에게는 필수적인 기능이다. 레벨 값만 조정해 밋밋한 이미지도 생기 있게 조정할 수 있다. 또한 이미지 밝기와 명암을 조절하는 또 다른 기능인 커브에 비해 사용법이 간단하고, 밝기/대비보다는 이미지 손실이 적기 때문에 특히 즐겨 사용한다.

보정 전

보정 후

레벨 기능 이해하기

1 Channel : RGB, Red, Green, Blue 4개의 채널로 이루어져 있다. RGB로는 전체적인 밝기를 조절하고 Red, Green, Blue로 선택한 색을 더하거나 빼주면서 잡색을 제거한다. 붉은 빛이 많이 도는 사진에서는 채널을 Red에 놓고 [3]을 오른쪽으로 적당히 당겨주면 붉은 기가 빠진다. 사진에 따라 가운데 바를 적당히 옮겨주면서 적정선을 찾는 것이 중요하다.

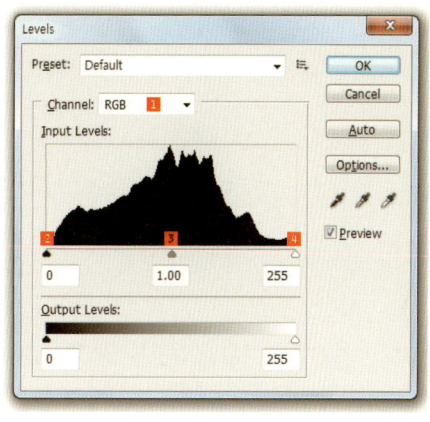

2 Shadow : 이미지의 어두운 영역을 조절하는 기능이다. 삼각형 바를 오른쪽으로 이동하면 이미지의 어두운 영역이 더 어두워지므로 사진에 입체감과 콘트라스트를 줄 수 있다.

3 Midtone : 이미지의 중간톤 영역을 조절하는 기능이다. 삼각형 바를 왼쪽으로 이동시키면 이미지의 중간톤 영역이 밝아지고 오른쪽으로 이동시키면 중간톤 영역이 어두워진다.

4 Highlight : 이미지의 밝은 영역을 조절하는 기능이다. 삼각형 바를 왼쪽으로 이동할수록 이미지의 밝은 영역이 더 밝아진다.
Shadow와 Highlight를 적당히 함께 사용하면 어두운 곳과 밝은 곳이 극대화되어 사진에 적당한 입체감과 콘트라스트가 생김으로써 사진이 좀 더 선명하고 생기 있어진다.

레벨 보정

1 포토샵 화면에 보정할 이미지를 띄우고 레벨 창을 연다. 메뉴에서 Image → Adjustments → Levels 을 클릭하면 된다. 단축키는 Ctrl + L.

2 그래프 중간의 바를 왼쪽으로 옮기면 사진이 밝아지고 오른쪽으로 옮기면 사진이 어두워진다.

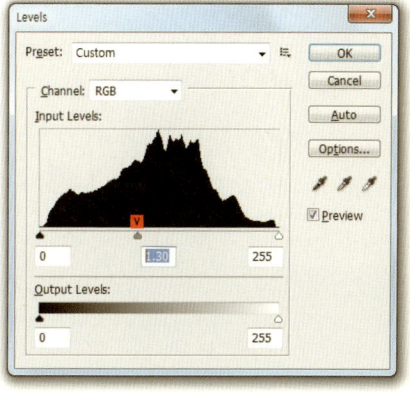

커브 Curves

커브는 초보자가 다루기에는 복잡하고 어려울 수 있다. 선을 조금만 움직여도 사진이 많이 변하고, 사진의 밝기 영역에 대한 감각이 어느 정도 없으면 원하는 결과물을 내기 어렵다. 하지만 어려운 만큼 데이터 손실을 최소화하면서도 디테일하게 보정할 수 있어 전문가들이 선호하는 기능이다.

보정 전

보정 후

1 포토샵 화면에 보정할 이미지를 띄우고 커브 창을 연다. Image → Adjustments → Curves를 클릭하면 된다. 단축키는 Ctrl + M.

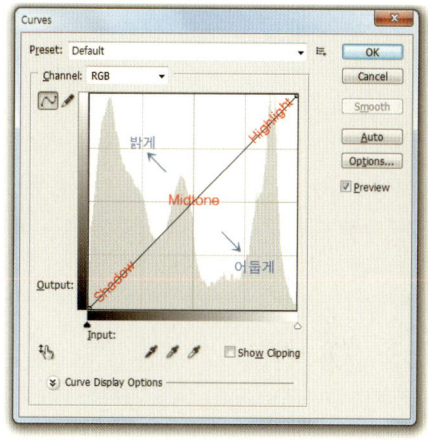

2 그래프 중간의 사선 바를 좌측 상단으로 옮기면 사진이 밝아지고, 우측 하단으로 옮기면 사진이 어두워진다. 이때 너무 많이 움직이면 밝기가 급격하게 변할 수 있으니 아주 조금씩 이동시키면서 적당한 밝기를 찾아가도록 하자.

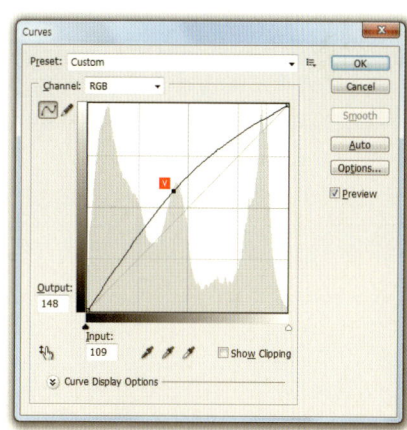

감성이 몽글몽글 떠오르는 빈티지 효과

사진을 무조건 밝게만 처리한다고 해서 다 예뻐 보이는 것은 아니다. 웨딩사진에서 중요한 것은 또렷한 눈매와 야무진 입매보다 아련하게 살랑거리는 분위기라는 사실. 그런 분위기를 최고조로 이끄는 효과는 단연 빈티지다. 빛바랜 느낌이 주는 애잔함 극대화. 방금 찍어낸 후끈후끈한 사진으로도 얼마든지 이 같은 느낌을 연출할 수 있다.

채도 Saturation를 이용한 아주 간단한 빈티지 효과

1 포토샵 화면에 보정할 이미지를 띄우고 색상/채도 창을 연다. Image → Adjustments → Hue/Saturation을 클릭하거나 단축키 Ctrl + U를 누르자.

2 Saturation의 바를 왼쪽으로 옮기면 채도가 약해지고 오른쪽으로 옮기면 채도가 강해진다. 왼쪽으로 적당히 옮기면서 채도를 낮춘 빛바랜 사진 느낌을 만들면 된다.

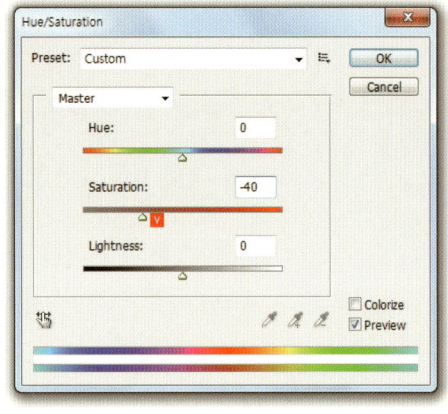

보정 전

보정 후

커브를 이용한 흑백사진 보정

사진을 어느 정도 보정하다 보면 자신만의 취향과 감각이 생기게 된다. 하지만 아무리 온갖 스킬을 써봐도 분위기가 별로인 사진은 한두 컷 정도 남게 마련. 이럴 땐 과감하게 흑백으로 바꿔보자. 컬러 사진의 어색함을 완화시키며 완전히 색다른 분위기로 다시 태어날 수 있을 것이다.

1 흑백사진 만들기

Ctrl + Alt + Shift + B를 누르면 Black & White 창이 뜬다. 바로 확인을 누르면 흑백 전환 완료. 하지만 선명도가 많이 떨어지기 때문에 사진 퀄리티를 조금 더 높여줄 필요가 있다.

Black & White 적용

2 커브로 사진 생기 있게 만들기

① 포토샵 화면에 보정할 이미지를 띄우고 커브 창을 연다. Image → Adjustments → Curves를 클릭하거나 키보드의 Ctrl + M을 눌러주자.

② Midtone에 포인트를 찍는다. 단, 사진이 어두울 경우 살짝 위쪽으로 올려주자. Midtone의 포인트를 기준으로 Shadow 부분은 아래로 살짝 내리고, Highlight 부분은 위로 올려준다. 어두운 부분은 더 어둡게, 밝은 부분은 더 밝게 처리해 사진이 선명해진다.

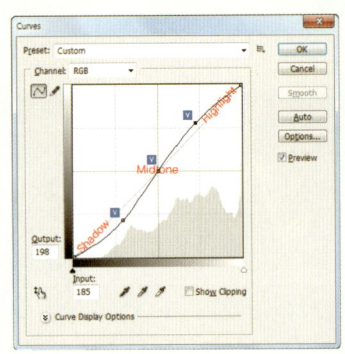

흑백커브

흑백커브 후

3 디테일 보정하기

레벨이나 커브로 밝기를 보정하면 선명한 효과는 생기지만 사진 자체의 디테일함이 사라진다. 특히 하늘의 구름이나 풀밭에서 드러나는 디테일함이 많이 사라져버린다. 그럴 때에는 Burn Tool이나 Dodge Tool을 활용해보자.

Burn Tool
Burn Tool은 말 그대로 태우는 툴이다. 사진의 명도를 조금 더 어둡게 조절해준다.

Dodge Tool
Dodge Tool은 Burn Tool의 반대 개념이다. Burn Tool로 조금 더 어두워진 부분을 Dodge Tool로 만져주면 다시 밝아지는 효과가 있다.

Burn Tool 보정 전

Burn Tool 보정 후

전체 보정 전

전체 보정 후

포토샵 다이어트

결혼 준비는 고난의 연속이다. 준비할 것이 너무 많아 정신없기도 하지만 그 와중에 결혼할 날까지 내 인생 최고의 슬림보디를 만들지 않으면 안 되기 때문이다. 짧게는 3개월, 길게는 6~8개월에 이르는 장시간 동안 다이어트를 지속하기란 쉽지 않다. 더군다나 웨딩촬영은 결혼식 직전이 아닌 결혼 준비 과정에서 이루어지는 것이 보통이다. 결국 아직 다 사라지지 않은 군살들과 튼튼한 팔다리는 웨딩사진에 고스란히 드러나게 된다. 평생을 함께한 내 다리는 왜 이리 짧아 보이기만 하는지…….
하지만 걱정하지 마시라. 포토샵이 있으니까. 포토샵의 힘이 당신의 팔다리를 모델급으로, 평생을 함께 한 군살과도 아쉬운 작별을 고하는 순간을 만들어줄 것이다.

서클렌즈를 낀 듯 큰 눈 만들기

1 이미지를 불러온다(ctrl + O 또는 포토샵 화면에서 더블 클릭).

2 픽셀유동화(Filter → Liquify) 메뉴를 클릭하거나 단축키 shift + ctrl + X를 눌러 창을 띄운다.

3 ⊙(단축키 B)를 선택한 후, 브러시 사이즈를 눈 크기 정도로 줄인다.

4 눈 부분에 대고 1~2회 클릭하면 눈이 자연스럽게 커진다. 단, 측면 사진보다 정면 사진에 적용하는 것이 더 자연스럽다.

보정 전

보정 후

다리가 늘어났어요! 팔등신 보정법

1 이미지를 불러온다(Ctrl + O 또는 포토샵 화면에서 더블클릭). 선택 툴을 이용해 늘리고 싶은 다리 부분을 지정한다(단축키는 M). 이때 선택한 부분을 사진 가로와 같은 사이즈로 지정해주어야 한다.

2 자유변형(Edit → Free Transform)을 눌러 자연스럽게 선택한 부분을 아래로 끌어준다(단축키 Ctrl + T). 적당히 늘어났다면 Enter를 누른 후 선택해제(Select → Deselect)한다. 또는 단축키 Ctrl + D.

* 주의사항
비율에 맞게 적당히 늘리는 것이 포인트. 너무 오버해서 늘리다 보면 누가 봐도 어색한 다리가 된다. 아무리 8등신이 꿈이라 하더라도 적정선을 찾아가도록 하자.

보정 전

보정 후

작고 갸름한 얼굴 만들기!

1 이미지를 불러온다(ctrl + O 또는 포토샵 화면에서 더블클릭).

2 픽셀유동화(Filter → Liquify)를 클릭하거나 단축키 shift + ctrl + X를 누른다.

3 (단축키 W) 아이콘을 누르고 얼굴라인에 적당한 브러시 크기를 설정한다.

4 얼굴형, 팔뚝 등 깎고 싶은 곳에 브러시의 가운데를 대고 살짝만 밀어주면 자연스러운 성형이 완성된다. 이때 브러시 크기는 와 로 조절하면 간편하다.

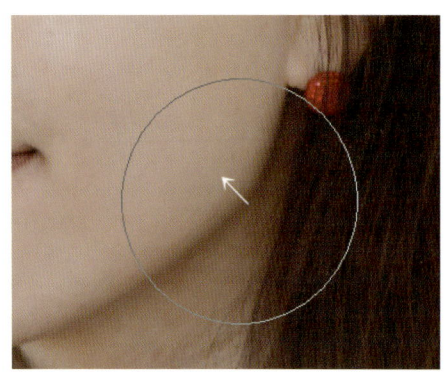 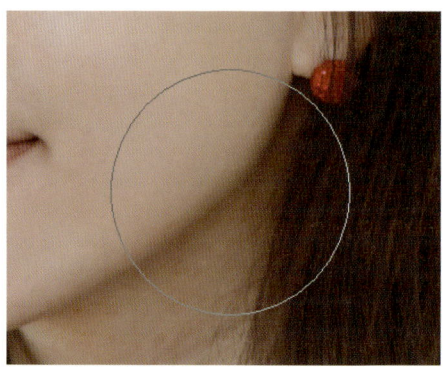

보정 전　　　　　　　　　　　　　보정 후

미용실 기능도 해주는 픽셀유동화

촬영시 바람이 심하게 불어 머리가 부스스해졌다거나 이마가 넓은 단점을 커버하고 싶을 때, 픽셀유동화가 또 한 번 유용하게 쓰인다. 정리하고 싶은 부분에 픽셀유동화 브러시를 대어 살짝 밀어주면 자연스럽게 정돈이 된다. 이마의 경우, 헤어 라인을 얼굴 쪽으로 밀어주면서 정리하면 올리비아 핫세 부럽지 않은 예쁜 이마로 만들 수 있다.

그뿐 아니라 눈꼬리나 콧볼 등에도 브러시를 대어 살살 다듬어주면 조금 더 긴 눈, 조금 더 오똑한 코가 된다. 하지만 어디까지나 '살살' '적당히' 다듬어주는 것이 중요하다.

얼굴형이나 헤어라인을 보정할 때는 브러시(동그라미) 사이즈를 크게, 눈꼬리나 입꼬리, 콧볼 등을 손보려면 브러시 사이즈를 작게 설정해야 자연스러운 보정이 이루어진다.

지아꼬의 Tip

포토샵 메이크업

의상, 소품, 장소 등 여러 가지를 준비하느라 미처 신경 쓰지 못한 내 얼굴. 평소처럼 수더분한 메이크업으로 단조롭게 촬영을 마쳤다고, 혹은 화장이 번져 있는지도 모른 채 촬영이 끝나 완전 망했다고 생각하지 말자.

우리의 고마운 포토샵은 화장까지도 커버해주는 무시무시한 능력을 지녔다. 괜한 긴장 탓에 얼굴에 볼록 솟아오른 뾰루지도, 미처 빼지 못한 얼굴 점도, 태양을 피하지 못해 덕지덕지 난 주근깨도 모두 포토샵이 가려준다. 그뿐 아니라 샤방샤방한 핑크빛 볼터치와 콧대를 더욱 오똑하게 만드는 하이라이트 효과까지. 여기 제시한 스킬들이면 충분하다.

오똑한 콧대, 볼록한 이마! 하이라이터 효과

코는 높게, 이마는 볼록하게 느낌을 제대로 살리려면 화이트 펄이 들어간 블러셔로 하이라이팅을 주면 된다. 포토샵에서도 간편하게 하이라이터 느낌을 줄 수 있는데, 직접 화장하는 것보다 훨씬 쉬우니 가볍게 따라해보자.

1 단축키 O에서 Dodge Tool을 선택한다.

2 Exposure를 10~30% 정도로 적당히 설정하고 콧대나 광대, 이마 등에 한두 번 클릭해 적당히 하이라이팅을 준다.

3  (Blur Tool)을 이용해 전체적으로 문질러주면 더욱 자연스러워진다.

보정 전

보정 후

뾰루지 · 점 · 잡티 제거에 굿! 컨실러 효과

촬영날 아침, 상큼한 기분으로 일어나서 거울을 본다. 오늘 지어야 할 예쁜 표정들을 미리 지어보는데 어라, 입가에 나 있는 저 붉고 볼록한 것은? 아뿔싸, 얼굴에 결국 뾰루지가 나고 말았다. 자세히 보니 뾰루지뿐만 아니라 크고 작은 여드름 흉터가 얼굴을 장악하고 있다. 하지만 걱정할 필요 없다. 우리에겐 포토샵의 Healing Brush Tool이 있으니까!

1 단축키 J를 누른 후, Healing Brush Tool을 선택한다.

2 지우고 싶은 부분보다 조금 큰 범위로 브러시 크기를 지정한다(키보드 [와] 이용).

3 지우고 싶은 부분과 가장 비슷한 피부색에 브러시를 갖다대고 alt를 누른 채 클릭한다. 이 부분 색이 컨실러 색이 된다.

4 브러시를 다시 지우고 싶은 부분에 갖다대고 클릭하면 잡티가 감쪽같이 사라진다.

5 화장품 컨실러를 바르듯이 얼굴 곳곳의 잡티에 적용해보자.

6 (Blur Tool)을 클릭해 수정된 부분을 전체적으로 문질러주면 피부 연출이 더욱 자연스러워진다.

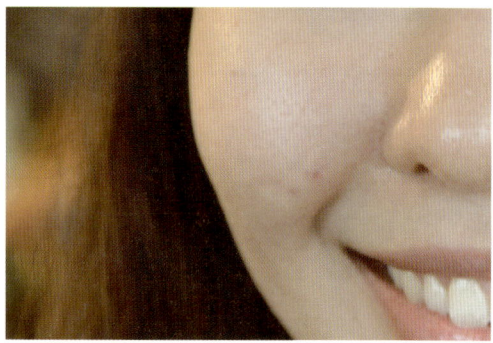

보정 전

보정 후

자연스러운 볼터치, 블러셔 효과

볼이 발그레한 아이들을 보면 마냥 귀엽다. 신부도 마찬가지다. 두 볼에 살굿빛으로 블러셔 효과를 주면 사랑스럽고 귀여운 느낌이 물씬 풍긴다. 블러셔 효과로 두 배 더 사랑스러워지는 신부 모습을 만들고 싶다면 포토샵으로 예쁜 살굿빛 볼터치를 해주자.

1 ✏️를 클릭하거나 단축키 B를 눌러 Brush Tool을 열고, 브러시는 부드러운 둥근 브러시(●)로 선택한다.

2 ■(전경색)을 더블클릭해 볼터치하고 싶은 색깔(핑크톤)을 지정한다.

3 shift + ctrl + N 또는 ⬜를 클릭해 레이어를 추가한다.

4 양 볼의 광대뼈 부분을 브러시로 칠해준다.

5 너무 어색하다고 놀라지 말자. 레이어의 Opacity를 적당히 줄여주면 자연스러워진다 (20~30%가 적당하다).

6 ctrl + E를 눌러 볼터치된 레이어와 사진 레이어를 하나로 합친다.

7 💧(Blur Tool)을 이용해 전체적으로 문질러주면 더욱 자연스러워진다.

보정 진행중

보정 후

지아꼬의 **특수 포토샵** 강의

포토샵의 기능은 무궁무진하다. 하지만 포토샵 전문가를 꿈꾸지 않는 이상 복잡한 고급 기능까지 습득할 필요는 없다. 지금까지 설명한 기능들과 더불어 두 가지 정도의 특수 효과 방법만 알아두면 웬만한 전문가 못지않게 웨딩사진을 능숙하게 다룰 수 있을 것이다.

레이어를 이용한 빈티지 보정

레이어를 추가함으로써 사진에 푸르스름한 효과를 주어 빈티지 느낌을 낼 수 있다. 지금껏 다루었던 스킬들과 비교하면 조금 복잡해 보이지만 실제로 따라해보면 전혀 어렵지 않다.

1 이미지를 불러온다(ctrl + O를 누르거나 포토샵 화면에서 더블클릭).

2 shift + ctrl + N을 누르거나 🔲 를 클릭해 레이어를 불러온다.

3 전경색을 더블클릭해 짙은 푸른색을 지정한다.

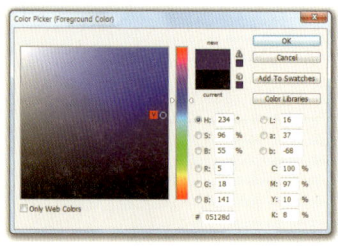

4 추가한 레이어 위에 푸른색을 채운다(Alt + Delete).

5 푸른색이 입혀진 레이어를 Normal에서 Exclusion으로 바꿔준다.

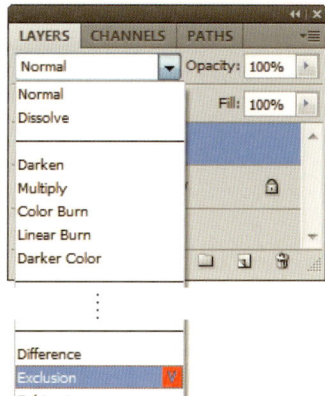

6 Exclusion으로 바꾼 레이어의 Opacity를 적당히 조절해준다. ctrl + E를 눌러 레이어를 하나로 합친다.

보정 전

보정 후

있어 보이는 역광 느낌 내기!

역광 사진은 다 NG일까? 아니다. 오히려 대상이 뚜렷하게 보이지 않는 역광 사진에서 더 짙은 감성과 아름다움을 느낄 수도 있다. 때로는 너무 쨍한 햇빛보다는 눈부시지만 아름다운 역광 효과를 내서 사진을 연출해보자. 한층 더 애틋하고 감성적인 느낌이 날 것이다.

1 ctrl + O를 누르거나 포토샵 화면에서 더블클릭해 이미지를 불러온다.

2 단축키 ctrl + J를 눌러 원본 이미지와 똑같은 레이어를 복사한다.

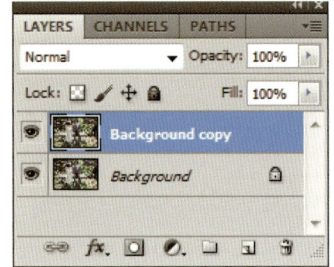

3 Filter → Render → Lens Flare를 클릭한다.

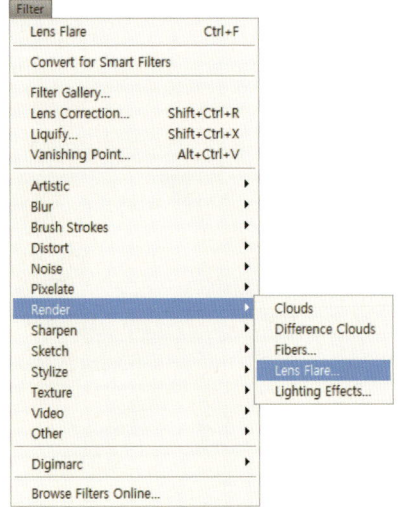

4 우선 Brigtness를 160~180으로 설정하고, Lens Type은 '50-300mm Zoom'에 놓는다.

5 조그마한 원본 사진의 오른쪽이나 왼쪽 가장자리 끝을 클릭해 빛이 내리쬐는 느낌이 나도록 설정한 후 OK를 누르고 나온다.

6 빛을 받은 듯한 사진이 되었지만 이 상태론 너무 강하고 어색한 느낌이 들 것이다. 레이어의 Opacity를 적당히 줄여주면 자연스러운 역광 느낌이 완성된다.

7 ctrl+E를 눌러 레이어를 합친다.

보정 전

보정 후

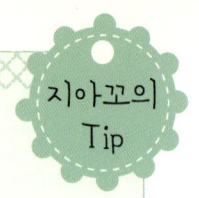

과하면 독이 되는 포토샵

포토샵을 처음 접할 땐 복잡한 툴에 어안이 벙벙해지지만 하나둘 만지다 보면 금세 적응이 되고, 점차 자신이 잘하는 스킬로 독창적인 발전을 시킬 수 있다. 책이나 인터넷을 보고 체계적으로 하나하나 배우는 것도 좋지만, 무작정 사진을 띄워놓고 하나하나 눌러보며 습득해나가는 것도 꽤 재미가 있다. 학습보다는 잦은 경험에 의한 습득이 더욱 쏙쏙 와 닿는다는 사실!

포토샵으로 사진을 보정하는 사람들에게 꼭 하고 싶은 말이 있다. 과유불급! 진한 화장보다는 수수한 화장이 더욱 매력적으로 보이는 법이다. 포토샵도 마찬가지다. 적당한 선을 지키면서 사진을 만져야 자연스럽고 예쁘게 완성할 수 있다. 성형 툴을 과하게 사용하거나 색 보정이 지나칠 경우, 시간이 지나서 상당히 촌스럽게 느껴지는 경우가 많다. 90년대에 상당히 예쁘다고 생각했던 여배우들의 사진이 지금에 와서는 촌스럽다고 느끼는 것과 같은 이치다.

웨딩사진은 평생 꺼내 보며 행복했던 시절을 회상할 소중한 자료다. 따라서 사진 보정도 특별히 정성을 들여야 한다. 적당히 선을 지켜 예쁘게 보정해서, 평생 아름답게 느껴질 추억으로 간직하도록 하자.

Theme 05
사진, 이렇게 활용하자

열심히 촬영하고 보정했다면, 이제 사진을 마음껏 활용해보자. 정성껏 찍은 웨딩사진은 활용법도 다양하다. 셀프촬영의 인기가 높아짐과 동시에 관련 업체들도 우후죽순으로 생겨나고 있다. 촬영에 필요한 소품이나 드레스를 취급하는 업체뿐만 아니라 사진 가공 및 표구를 돕는 업체들도 간단한 검색으로 쉽게 찾을 수 있다.

액자

요즘 본식이 진행되는 식장 앞에 웨딩사진을 담은 액자를 진열하는 경우가 많다. 홀이 여러 개인 예식장의 경우, 하객들은 액자 속 사진을 보고 웨딩홀을 찾기도 한다. 어느 순간부터 액자는 결혼식의 필수 요소가 되어버렸다.

액자는 유리관에 사진을 넣는 관액자와 사진이 노출된 일반액자로 나눌 수 있다. 사진의 오염이나 빛에 의한 변색, 습기에 의한 변형들을 고려할 때, 관액자가 일반 액자보다 나은 것은 두말할 것 없는 사실이다. 굳이 관액자의 단점을 꼽자면 일반 액자보다 무겁다거나 깨질 위험이 있다는 사실 정도이다.

요즘은 관액자도 디자인이 다양하다. 단순히 사진 한 장을 확대해 넣기보다 여러 컷을 모둠 구성해 하나의 액자에 넣는 형식이 유행하고 있다. 모처럼 찍은 사진들 하나하나가 다 놓치고 싶지 않은 좋은 컷일 때 주로 이런 액자를 쓴다. 액자 크기에 따라 가격은 상이하지만 십여 컷이 들어간 관액자도 10만 원대면 충분히 제작할 수 있으므로, 일반 사진 스튜디오 액자에 비해 훨씬 싼 수준이라 할 수 있다.

관액자 외에도 캔버스 액자, 크리스탈 액자 등 독특한 프레임 액자도 시중에 나와 있다. 특수한 프레임 액자를 준비하면 나중에 신혼집 인테리어 소품으로 활용하기에도 좋다.

ⓒ 봄날피오니

웨딩 액자 제작 & 포토테이블 전문 업체
봄날피오니 www.bomnalpeony.com
다양한 크기의 웨딩 액자, 포토테이블, 덕담카드 제작
3관·5관 액자 5만 원대, 9관 액자 8만 원대, 13관 액자 13만 원대.

ⓒ 민트나무작업실

미니 액자 & 덕담카드 전문 업체
민트나무작업실 www.mintnamoo.com
화보집 및 미니 압축앨범, 미니 액자, 덕담카드 제작
8×8인치 미니액자 1만 5000원, 덕담카드 50매 1만 5000원.

앨범

내 생애 가장 아름다운 순간을 평생 보존할 수 있는 앨범. 결혼 앨범으로는 대부분 두꺼운 압축앨범을 제작한다. 시중 업체에서도 주문 제작을 받고 있는데, 앨범 사이즈와 페이지 수에 비례해 가격이 늘어난다. 10×10 사이즈에 20페이지 앨범의 경우, 커버에 따라 차이가 있긴 하지만 10만 원대 중반으로 예산을 잡으면 된다.

중요한 사진을 몇 장 잘 간직하기보다 여러 장을 간직해서 보고 싶다면 시중에 판매하는 앨범을 활용하는 것도 좋다. 사진 인화만 잘한다면 저렴한 가격에 반영구적 보존이 가능하다.

단, 사진 인화는 싼 게 비지떡이라는 사실을 잊지 말자. 온라인 사진 인화 업체 중 무작정 싼 가격만 강조하며 손님을 끄는 곳이 있는데, 쌀수록 인화지의 질이 떨어짐은 물론이고 색상이 투박하거나 사진이 깨져서 나오는 경우도 있다. 한 번 출력으로 반영구적 보존을 하고 싶다면, 인화에 어느 정도 투자를 하는 지혜도 필요하다.

포토테이블

요즘 결혼식에 빠지지 않는 것이 포토테이블이다. 포토테이블은 신랑 신부의 아름다운 웨딩사진을 테이블에 올려 꾸민 것이다. 사진 액자를 중심으로 캔들, 꽃 등으로 장식하는 것이 일반적이며, 요즘은 신랑 신부에게 메시지를 남기는 덕담카드를 함께 구성해 하객들이 축하 인사말을 남길 수 있게 한다.

포토테이블은 직접 액자와 캔들, 꽃 등의 소품을 구매해 장식할 수도 있으나 결혼식 당일에는 신랑 신부가 직접 포토테이블까지 신경쓰기가 어렵다. 그러므로 업체를 통해 맡기는 것이 일반적이다. 조금 저렴하게 하고 싶다면 포토테이블을 대여해주는 업체를 찾거나 직접 준비한 소품들을 친구나 가족에게 맡겨 장식을 부탁한다.

[지아꼬의 Tip] 사진의 크기 단위는 R

사진이나 액자 사이즈를 말할 때 보통 R이라는 단위를 많이 사용한다. R은 직사각형의 영문 Rectangular의 약자이며, 보통 사진의 가로 길이를 인치 단위로 표현한다. 예를 들어 자주 사용하는 20R 액자의 경우, 가로 20인치, 세로 24인치인 크기. 이를 mm 단위로 환산하면 508×610mm이다.

- 2R = 2×3인치 = 51×76mm
- 3R = 3×5인치 = 76×127mm
- 4R = 4×6인치 = 102×152mm
- 10R = 10×15인치 = 254×381mm
- 20R = 20×24인치 = 508×610mm
- 24R = 24×36인치 = 600×914mm
- 30R = 30×40인치 = 762×1016mm

Part 4

셀프웨딩촬영 스토리

셀프웨딩촬영의 최고 매력은 무엇일까? 아마 셀프웨딩촬영을 하는 모든 예비 부부들은 '우리만의 사진'을 남길 수 있다는 점을 꼽을 것이다. 그렇다. 그들만이 낼 수 있는 색깔로 웨딩사진을 채워나가는 것, 그것이 바로 셀프웨딩촬영이 인기를 얻게 된 이유이고 이렇게 책으로도 나오게 된 원동력이다. 여기, 지아꼬의 셀프웨딩촬영 카페에서 개성만점 사례들을 모아 소개한다. 탐나는 콘셉트가 있다면 즉시 눈도장을 찍어두자.

Step 01 윤진벽♡김보라
married on Sep 27, 2014

꽃인 듯 꽃이 아닌
꽃보다 사랑스런 커플

생애 최고의 생일선물은 바로 오빠의 프로포즈!

학생회장 오빠와 사귀게 된 날부터

'이 사람과 결혼해야 겠다' 생각한 새내기 여학생은

6년이 지난 어느 멋진 날

프로포즈 선물을 받는 주인공이 되었다.

세상 가장 행복한 사랑의 노예 선언 '나는 당신의 남자(여자)입니다'

셀프웨딩촬영
MEMO

알게 된 지 한 달 만에 캠퍼스 커플이 된
상큼한 새내기 여대생과 학생회장 오빠는
시기와 질투, 걱정 어린 주위의 시선에 굴하지 않고
꿋꿋하게 사랑을 키워나갔다.
사귀던 날부터 '이 남자와 결혼해야겠다' 생각하고
6년을 기다린 끝에 드디어
프로포즈를 생일선물로 받는
세상에서 가장 행복한 주인공이 되었다.
셀프웨딩을 준비하게 된 건 금전적인 고려도 있었지만
판에 박힌 듯 일률적인 스튜디오 촬영이 싫어서였다.
일을 벌이는 성격인지라, 셀프웨딩촬영을 하기로 마음먹고
오빠의 협조 약속을 받은 때부터 로맨틱 샤스커트를 만들고
각종 소품을 준비하기 위해 동대문시장을 누비고 다녔다.
촬영은 두 번에 걸쳐 했다.
단양에서 친구 커플과 함께 첫 번째 촬영을 했고
제주도에서 두번째 촬영을 했다. 단양 촬영 때는
니콘 D7100, 제주도 촬영 때는 nex-3n으로 찰칵.
제주도에서는 작가를 섭외해 촬영하기도 했는데
숙소에서 둘이 촬영한 것이 훨씬 맘에 든다.
둘만 있다 보니 더 자연스럽고, 사랑 가득한 눈빛과
행복한 표정이 사진에 그대로 묻어났다.
이것이 바로 셀프웨딩촬영의 매력인 듯!

촬영 경비
- 샤스커트 재료 비용 : 약 4만 원
- 구두 리폼 비용 : 약 1만 5,000원
- 큰 리본핀 : 6,000원
- 부케 : 2만 원

총 경비 : 약 8만 1,000원

Step
02

김병택 ♡ 배민영
Will be married on
May 16, 2015

내 눈 속에
가득 네가 있다는 것만으로도
마냥 행복하다

작은 떨림마저
향기로운
그 순간을 담다

살포시 마주잡은 손에서 손으로
전해지는 영원한 사랑의 서약

셀프웨딩촬영
M E M O

Canon EOS 450D와 nex-f로 찰칵!
쑥스러움 많이 타는 서른세 살 예랑이와 철딱서니 없는
스물세 살 예신, '걱정 반 기대 반' 떨리는 마음으로
고운 빛깔 바다가 있는 제주로 출발!
어깨 노출이 부담스러운 데다 스산한 한기가 스미는 11월이라
드레스 대신 웨딩의 느낌을 줄 수 있는 새하얀 튀튀를 준비하고
그 밖의 예랑이 옷과 예신 옷들은 집에 있는 것들 중 골라서 활용.

웨딩촬영 내내 숙박은 주로 게스트하우스를 이용했다.
아주 저렴한 가격의 예쁜 게스트하우스나 카페가 많아
따로 입장료 들이지 않고 촬영할 수 있었다.

그때 그 순간의 향긋한 냄새, 목덜미를 간질이던 감미로운 바람,
마주잡은 손의 작은 떨림, 마주보는 눈빛의 따스함, 비싸게 주고 산
헬륨 풍선을 바람 때문에 잃어버리고 한바탕 웃었던 일······
웨딩촬영 순간순간이 향기 가득한 우리만의 이야기가 되었다.
아주 먼 훗날에도 '우리만의 이야기가 있는 웨딩 사진'은
11월의 제주여행을 하나하나 기억나게 해줄 것이다.

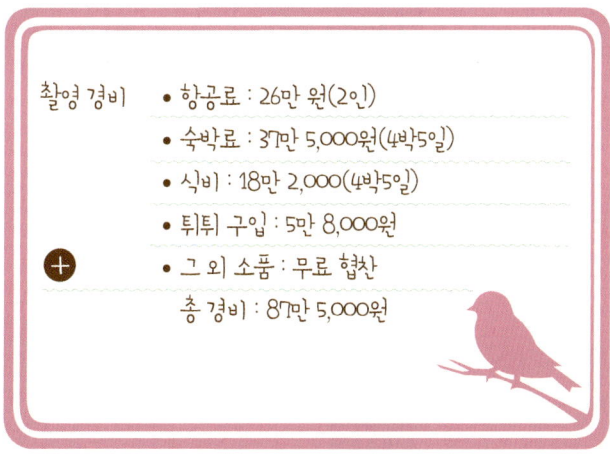

촬영 경비
- 항공료 : 26만 원(2인)
- 숙박료 : 37만 5,000원(4박5일)
- 식비 : 18만 2,000(4박5일)
- 튀튀 구입 : 5만 8,000원
- 그 외 소품 : 무료 협찬
  총 경비 : 87만 5,000원

엄창운 ♡ 서해숙
Will be married on
Dec 6, 2014

점프하는 순간에도
사랑의 총알 세례를
멈출 순 없다

푸르름 속에
싱그럽게 빛나는
둘만의 이야기

셀프웨딩촬영
MEMO

셀프웨딩촬영 어떨 거 같냐는 조심스런 물음에
'너무 좋다' 해주는 이 남자!! 만나길 너무 잘한 거 같다.
예비신랑의 오케이 사인이 떨어지자마자 드레스부터 검색.
예쁘다 싶은 건 가격이 너무 비싸 고민하던 중
해외 빈티지 드레스 사이트에서 100달러 주고 직구.
보타이는 예비신랑이 직접 구매하고
부케용 조화는 모던하우스에서 구입.
화관은 토끼풀 뜯어서 직접 제작.
티도 안 나지만 메이크업은 셀프로.
사진은 친언니가 sony nex-5t로 촬영.
장소는 마음 편하게 촬영할 수 있는 집 앞 공원과
예비신랑이 중학교 때 자주 가던 동네놀이터.
놀이터 촬영 땐 드레스 신경 쓰며 그네에 앉으려다
그네가 뒤로 빠져 그대로 엉덩방아를 찧는 참사 발생.
창피하기도 하고 웃기기도 하고 어찌할 바를 모르겠는데
예비신랑은 일으켜줄 생각은 않고 카메라 셔터만 찰칵!

웨딩촬영 당시를 떠올리면 늘 미소가 지어진다.
바로 이 맛에 셀프웨딩촬영을 하는 것 같다.
우리들만의 상큼한 이야기, 행복한 추억이 남기에.

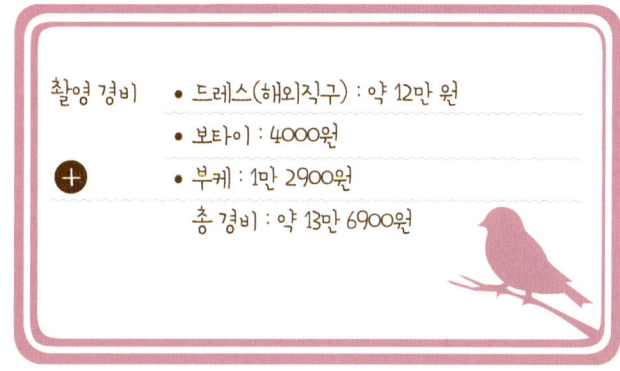

촬영 경비
- 드레스(해외직구) : 약 12만 원
- 보타이 : 4000원
- 부케 : 1만 2900원

총 경비 : 약 13만 6900원

Step 04 변상훈 ♡ 김보영
married on Oct 25, 2014

봄·여름·가을·겨울을
사랑의 빛으로 물들이다

그대만큼 사랑스런 건 세상에 없다

지는 햇살의 치명적인 아름다움도

그대를 더욱 빛나게 하는 배경일 뿐이다

셀프웨딩촬영
MEMO

둘 다 남들 앞에서는 사진을 못 찍는 성격이라
스튜디오 촬영 대신 셀프촬영을 하기로 결정하고
봄·여름·가을·겨울 담은 사계절 셀프웨딩촬영을 계획.
콘셉트에 맞춰 소품을 준비하는 재미도 쏠쏠했고
계절마다 여행가는 기분에 촬영가는 날이 참 즐거웠다.
카메라는 가지고 있는 것들 중 가장 오래된
똑딱이 카메라 파니소닉 루믹스 DMC-GF를 사용했다.
삼각대 세워놓고 우리끼리 찍으니 표정도 자연스럽고
어색한 포즈마저 재미있게 즐길 수 있었다.
햇살 가득한 봄날엔 연녹색 이야기의 주인공이 되고
여름날엔 푸른 바다와 시원한 바람을 조연으로 삼고
가을날엔 갈대와 노을빛을 배경삼아 멜로드라마를 찍고
겨울날엔 백설나라 공주와 듬직한 기사가 되었다.

폭설이 내린 강원도에서 촬영할 때가 제일 힘들었는데
발은 푹푹 빠지고 삼각대 세워놓고 타이머 기다리는 동안
머리엔 눈이 수북이 쌓이는데 초점은 잘 맞지 않고……
매서운 추위에 한 컷 찍고 차에 타고 또 한 컷 찍고
차에 타면서도 마냥 즐겁고 행복했다.

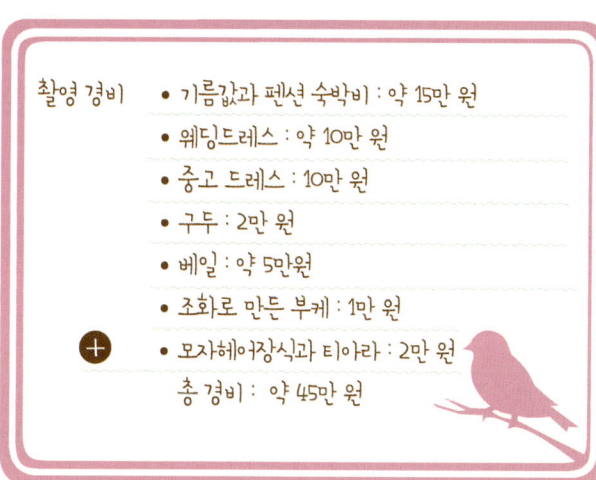

촬영 경비
- 기름값과 펜션 숙박비 : 약 15만 원
- 웨딩드레스 : 약 10만 원
- 중고 드레스 : 10만 원
- 구두 : 2만 원
- 베일 : 약 5만원
- 조화로 만든 부케 : 1만 원
- 모자헤어장식과 티아라 : 2만 원

총 경비 : 약 45만 원

Step 05   전형준 ♡ 박정은
married on Aug 23, 2014

보헤미안 연인처럼
자유롭게!

옆에 있어줘서 고맙고

같이 웃어줘서 고맙고……

"두근두근……" 사진 속에 프로포즈 받던 순간의 심장소리가 저장돼 있는 것일까?

셀프웨딩촬영
MEMO

첫 만남 후 한 달 넘게 매일매일 보며
늦은 나이에 불꽃을 튀기다 어쩌다보니
결혼열차에 탑승.
겨울 제주도, 봄 강화도, 여름 다시 제주도에서
NICON D5100으로 세 차례 웨딩촬영을 했다.
겨울 제주도 첫 웨딩촬영에서 인생 최고의
선물인 깜짝 프로포즈를 받고 감동 또 감동!
반지로 프로포즈받은 그 순간을 담은 사진은
세상 무엇과도 바꿀 수 없는 소중한 보물이다.

눈밭과 벌판에서 촬영하는 내내 미친 듯 부는 바람에
카메라는 계속 쓰러지고 눈물이 날 만큼 추웠지만
웃겨주고 분위기 만들려고 애쓰는 예비신랑이 있어
즐겁고 행복한 촬영이었다.
봄 강화도 촬영 때는 여린 소녀로 변신.
여름 제주도에서는 보헤미안 연인을 연출해보았다.
의상은 드레스와 신랑 겨울바지를 제외하곤
대부분 가지고 있던 것들을 활용했다.

촬영 경비

- 드레스 & 베일 대여(겨울 촬영): 10만 5000원
- 신랑 겨울바지 : 6만 2000원
- 보타이 : 5600원
- 드레스 구입(봄 촬영) : 14만 7000원
- 드레스 구입(봄·여름 촬영) : 4만 7000원
- 꽃(봄 촬영) : 1만 원
- 부케 재료(여름 촬영) : 2만 9000
- 펜션숙박(강화도) :14만 원
- 차 랜트비(강화도) : 11만 원
- 식비(강화도) : 7만 8000원
- 캠핑카 숙박 : 12만 원
- 항공료(회사복지포인트로 차감) : 4만 3000원
  총경비 : 약 89만 6600원

Step 06

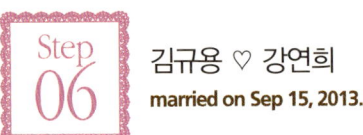

김규용 ♡ 강연희

married on Sep 15, 2013.

더 발랄하고
더 사랑스럽고
더 로맨틱하게 !

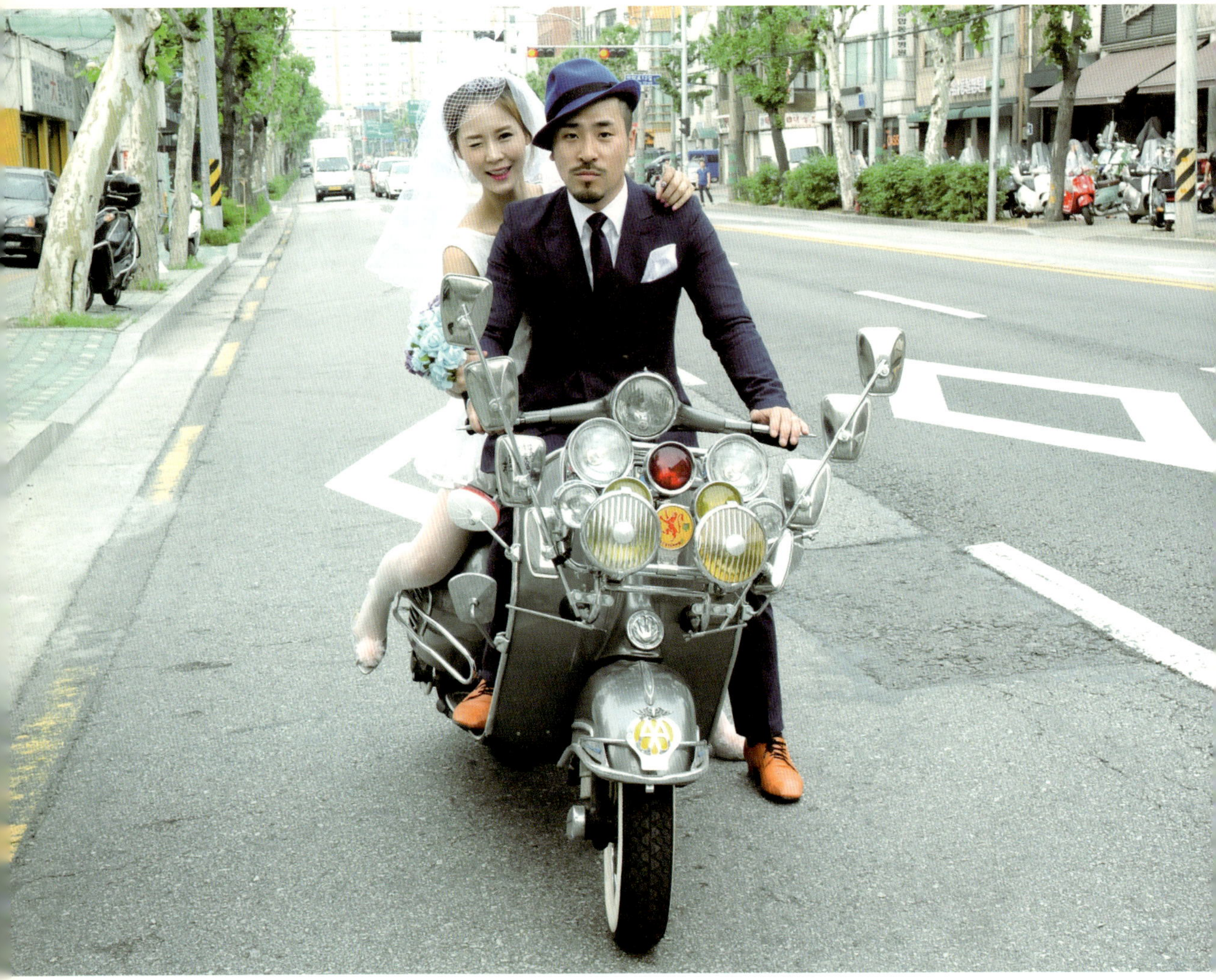

사랑으로 묶인 남자와 여자가 함께 만들어가는 시간의 다른 이름, 로맨스!

셀프웨딩촬영
M E M O

옷을 사랑하는 디자이너 커플.
서른 살의 연상오빠, 아무것도 모르는 스물세 살
꼬맹이와 도둑놈소리 들어가며 연애 시작.
그후 한결같은 마음으로 사랑을 키워온 지 6년,
마침내 사랑의 웨딩마치를 울렸다.
여자보다 더 섬세한 성격을 지닌 디자이너 10년차
예비신랑이 먼저 제안한 셀프웨딩촬영!
제일 처음 한 일은 카메라 구입.
세상에 둘도 없는 우리만의 추억 만들기를 위한
투자라 생각하며 DLSR 니콘 D700을 사서
20가지 이상의 콘셉트를 하루에 한 콘셉트씩만 촬영하며
한 컷 한 컷 소중하게 둘만의 추억을 담았다.
4월 중순부터 준비하여 7월까지
간단한 컷은 둘이 리모콘으로 찍고
을지로나 종로 등의 차도에서 찍은 컷들은 주로
해 뜨자마자 가서 출근시간 전에 아는 동생, 형,
친구들의 기사 역할 분담 도움으로 촬영.
셀프웨딩촬영은 지인들의 도움이 필수!

촬영 경비 +
- 카메라 (리모콘, 옵션 포함) : 약 300만 원
- 드레스 : 50만 원
- 소품 : 20만 원
- 총 경비 : 약 370만 원

Step
07

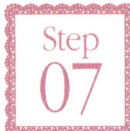

윤강오 ♡ 이선아

married on Mar 1, 2014

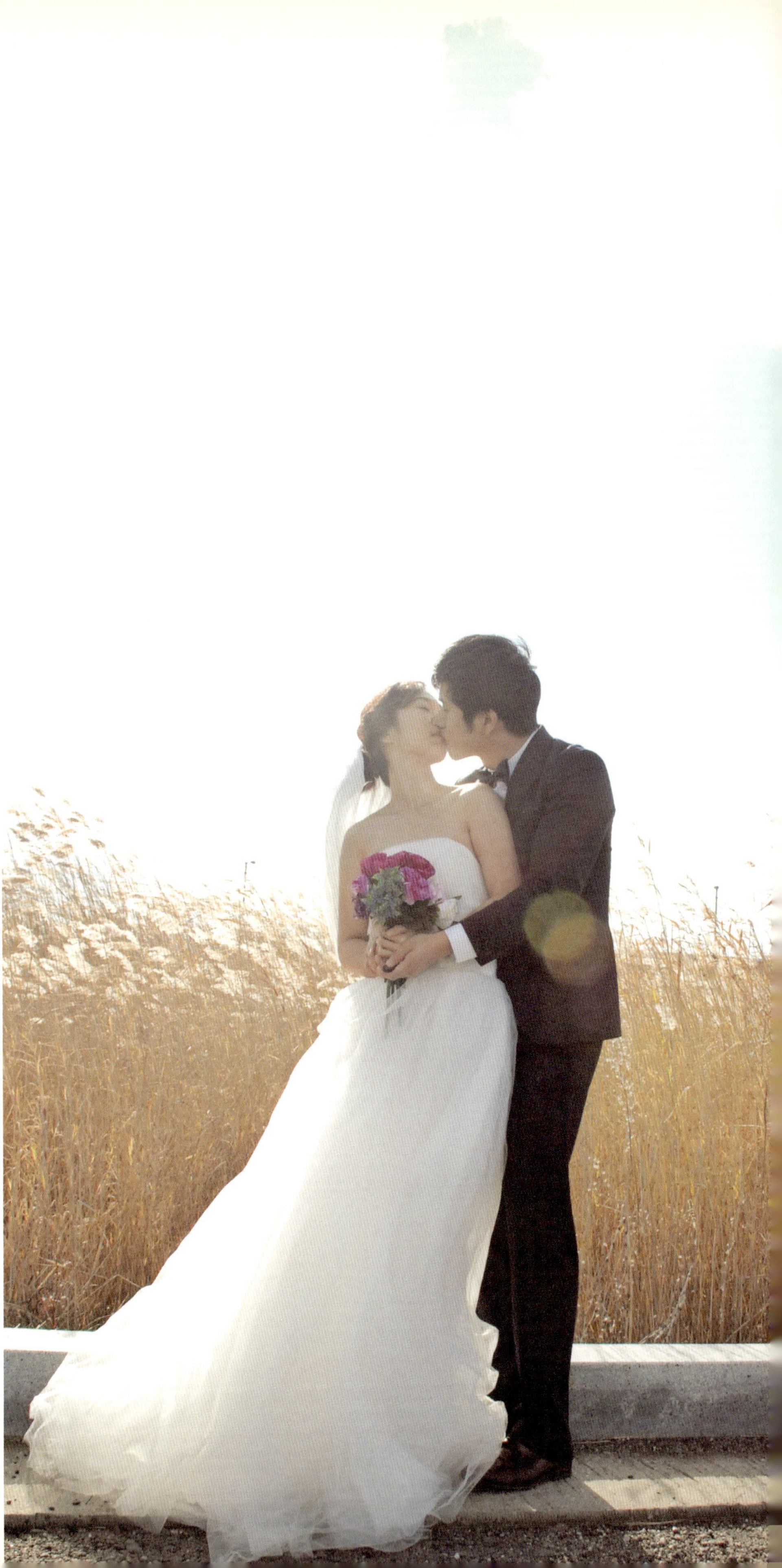

찬란한 햇살과

감미로운 바람이

사랑의 서약을

축복하다

영원히 간직할
찬란한 유산을 남기다

그대 손이 나를 어디로 이끌든
나는 그대와 영원히 함께 할 것입니다

셀프웨딩촬영
MEMO

첫번째 촬영은 스페인에서 소니 nex-f3와 함께
두번째는 인천 송도 갈대밭에서 니콘 d-80로 찰칵.
두 번 셀프웨딩촬영을 준비하고 촬영하면서
우리 둘만의 재미있는 이야기가 생겨서인지
사진을 보면 절로 미소가 지어진다.
소개팅 자리에서 이미 서로에게 호감을 느껴
연애한 지 3개월 만에 함께하는 미래를 꿈꾸기 시작.
틀에 박힌 스튜디오촬영은 찍지 않기로 의기투합하고
삼각대 하나로 셀프웨딩촬영에 도전!
첫번째 촬영은 인터넷 검색으로 구입한
중고 드레스 한 벌과 양복 한 벌을
여행캐리어에 넣어 스페인으로 고고!
여행 일정이 틀어져 급하게 스페인 광장에서
드레스로 갈아입고 삼각대에 타이머 맞춰 찰칵!
챙겨간 웨딩슈즈를 숙소에 두고 오는 바람에
둘 다 운동화에 샌들을 신고 촬영했지만
재미있고 기분 좋은 순간이었다.
두번째 촬영은 엄마의 응원에 의욕 충만, 기분 업!
동네인 송도신도시 갈대밭에서 멋진 웨딩 촬영.

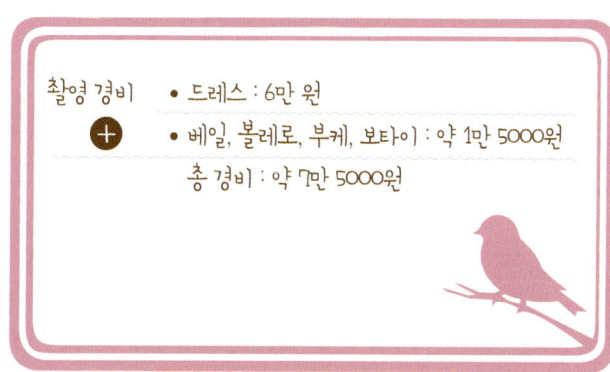

촬영 경비 +
- 드레스 : 6만 원
- 베일, 볼레로, 부케, 보타이 : 약 1만 5000원
- 총 경비 : 약 7만 5000원

Step 08

박건량 ♡ 이슬기
married on Mar 14, 2014

풋풋한 첫사랑이
영원한 사랑으로

'힘들 땐 언제라도 기대요
내가 평생 그대의
등받이가 되어 줄게요'

셀프웨딩촬영
MEMO

사용한 카메라는 NEX5R, SEL16F28 단렌즈에
Tokina 7252W 광각 컨버터 장착.
드레스 구입부터 헤어, 메이크업은 물론이고
사진 찍고 마무리 보정까지 셀프로.
'결혼식은 생략하고 웨딩촬영은 우리끼리 하자'
중학생 때 서로가 첫사랑이었던 소년과 소녀가
성인이 되어 다시 만나 결혼으로 이어진 커플인지라
결혼에 대해 서로가 항상 같은 생각을 해왔다.
제주도를 신혼여행지 겸 촬영장소로 선택.
인터넷으로 몇 달을 고민해 드레스를 구입하고,
꽃시장에서 조화 사다 부케와 화관을 직접 제작.
처음 해보는 것들이라 실수투성이었지만
그러한 과정 모두가 무엇과도 바꿀 수 없는
소중한 추억이 되었다.
불편한 드레스에 무거운 속눈썹, 하이힐까지
많이 힘들었지만, 그런 나를 세심하게 챙겨주며
이리저리 사진 구도 잡고 촬영하느라 수고한
남편에게 무한한 사랑과 감사를 전한다.

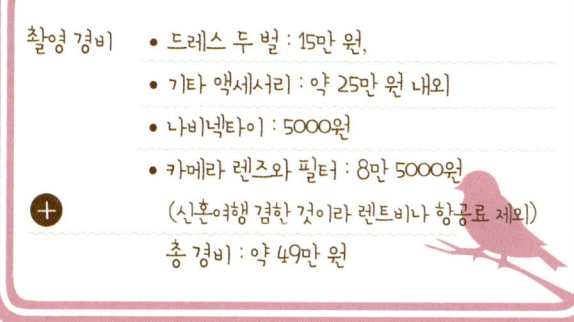

촬영 경비
- 드레스 두 벌 : 15만 원,
- 기타 액세서리 : 약 25만 원 내외
- 나비넥타이 : 5000원
- 카메라 렌즈와 필터 : 8만 5000원
  (신혼여행 겸한 것이라 렌트비나 항공료 제외)
- 총 경비 : 약 49만 원

Step 09 이봉수 ♡ 권지혜
Will be married on Nov 15, 2014

어색한 표정마저
사랑스러운 커플

이유없이 당신을
사랑한다고는 말 못 하겠습니다
처음에는
그 이유가 몇 가지뿐이었지만
지금은
셀 수없이 많아진 것뿐입니다
왜 사랑하는지
모를 정도로 많아진 것뿐입니다

- 드라마 〈소울메이트〉 중에서

난 당신의 마음을 읽을 수 있습니다
난 당신이 평생 기다려온 당신의 소울메이트입니다

셀프웨딩촬영
MEMO

카메라는 니콘 D700 사용.
꼭 셀프로 웨딩촬영을 하겠노라 마음먹고
홈페이지를 들락날락거리던 스무살 짜리가
5년 만에 결혼 날짜를 잡고 계획대로 실행.

첫사랑 때문에 울고불고하는 중학교 2학년
꼬맹이를 토닥토닥 달래주던 여섯 살 많은
스물한 살짜리 기타 치는 교회오빠.
다정한 그 모습에 반해 고등학교에 들어가면서
고백을 하게 되었고, 적지않은 나이차 때문에
조심스러운 시간을 지나 성인이 되자마자
연인으로 발전하여 결혼을 약속하게 되었다.
오빠는 사진 찍는 걸 싫어하는 사람인데
개성 강하고 고집불통인 어린 신부 때문에
용기내서 셀프웨딩촬영을 하게 되었다.
내 말이라면 껌뻑 죽는 아주 착한 남편감
오빠에게 전하고 싶은 한마디
"사.랑.합.니.다."

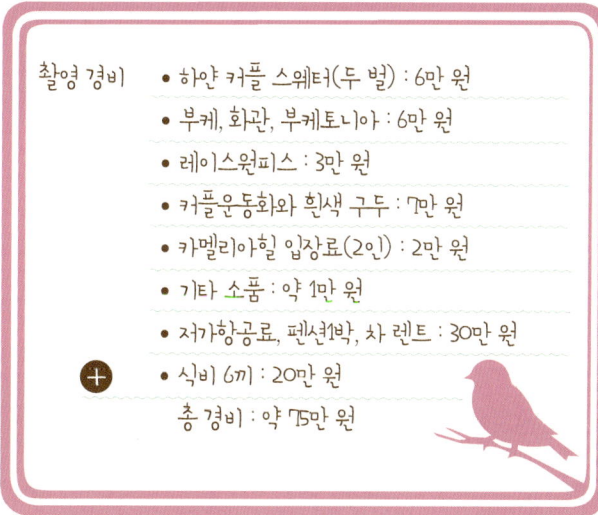

촬영 경비
- 하얀 커플 스웨터(두 벌) : 6만 원
- 부케, 화관, 부케토니아 : 6만 원
- 레이스원피스 : 3만 원
- 커플운동화와 흰색 구두 : 7만 원
- 카멜리아힐 입장료(2인) : 2만 원
- 기타 소품 : 약 1만 원
- 저가항공료, 펜션1박, 차 렌트 : 30만 원
- 식비 6끼 : 20만 원
- 총 경비 : 약 75만 원

Part 5

셀프가족촬영

인생에서 가장 아름답고 행복한 순간을 사진으로 남겼다면, 이제 그 순간을 덧셈해가는 일이 남았다. 사랑으로 이룬 가정은 시간의 흐름에 따라 크고 작은 에피소드들을 만들어낸다. 새로운 기념일과 일상에서 누리는 여유로움은 놓쳐서는 안 될 소중한 시간들이다. 그 순간들을 사진으로 남겨보자. 아주 먼 훗날까지 영원히 간직할 수 있는 시간이 앨범에 넘칠 만큼 쌓이도록.

우리의 두 번째 가족 사진,
셀프만삭촬영

두 사람이 만들어낸 최고의 라인

S라인과 V라인을 예찬하는 요즘 사회이지만,
이 세상에서 가장 아름다운 사람의 라인은 바로 D라인이다.
부부의 사랑으로 맺어진 결정체가
엄마의 따뜻한 사랑을 먹고 자라며 이룬 D라인.
S라인, V라인이야 의지만 있다면
몇 년, 몇 십 년이고 유지할 수 있지만
여자의 일생에서 D라인을 간직할 수 있는 시기는
그리 길지 않다.
그런 짧지만 소중한 순간은 반드시 기록하자.
가장 좋은 기록 방법은 두말할 것도 없이 사진이다.

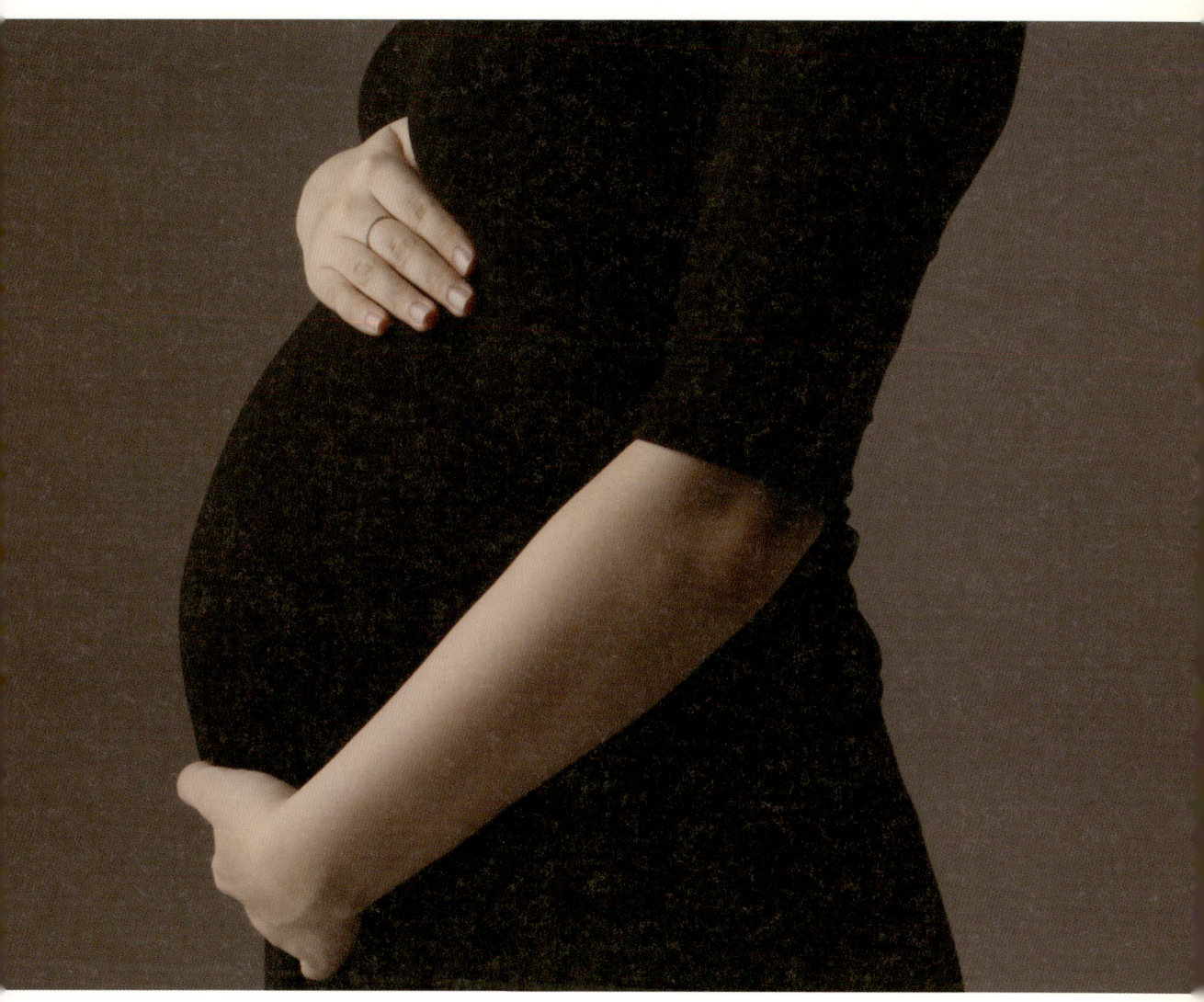

10개월, 인생에서 가장 아름다운 시간들

여자가 임신을 하면 많은 변화를 겪는다. 새로운 생명에 대한 기대와 설렘, 그만큼의 책임감과 불안감 같은 심리적인 변화뿐 아니라 갑자기 생기는 피부 트러블, 불어나는 체중, 참기 힘든 입덧 등 다양한 신체적 변화도 찾아온다. 이런 갑작스러운 변화는 우울증의 원인이 되기도 한다. 임신은 여자 혼자 하는 것이 아니다. 아내가 힘든 변화를 맞이할수록 남편이 한 발 더 앞서서 변화를 체크해주고 칭찬과 격려를 아끼지 않아야 한다. 거기서 더 나아가 아내가 자신의 변화를 긍정적으로 받아들일 수 있도록 임신한 모습을 사진으로 남겨두는 것도 중요하다.

스튜디오에서 만삭촬영은 보통 32주에서 35주 사이, 가장 예쁜 D라인을 자랑할 때 진행한다. 하지만 그 순간만이 전부가 아니다. 아내가 임신 중인 10개월 내내 행복해하고, 매 순간 소중한 의미를 부여할 수 있도록 임신 사진을 진행형으로 남겨놓는 것이 좋다. 특별할 것 없어 보이는 일상의 순간일지라도, 하루하루가 소중한 날들이기 때문이다.

당시는 아무것도 아닌 것 같은 순간의 사진들일지 몰라도, 생명을 잉태했던 가장 아름다운 순간은 그렇게 사진으로 남아 우리를 종종 행복했던 추억 속으로 인도해줄 것이다.

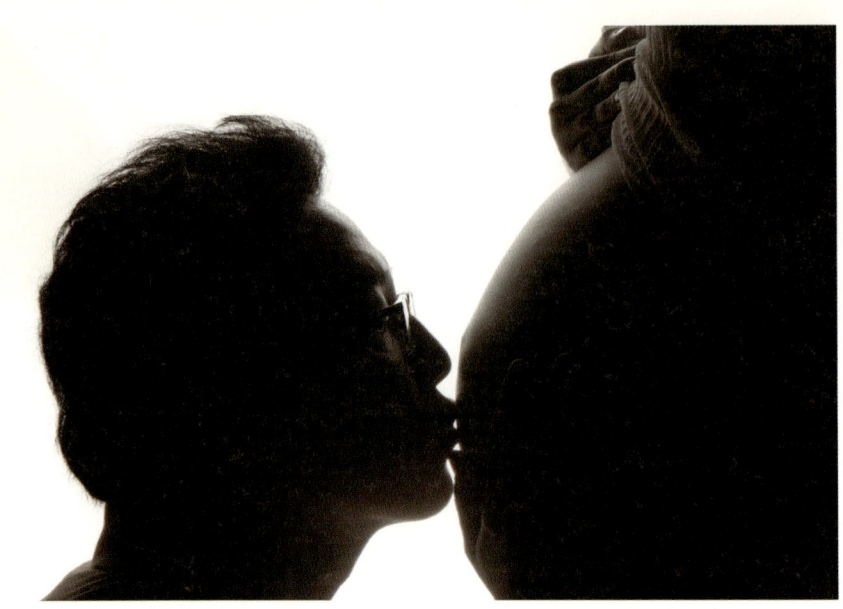

아빠도 셀프만삭촬영의 주인공이다.
아빠와 뱃속 아기가 교감하는 포즈도 반드시 찍어두도록 하자.

세 사람이 함께하는 소중한 태교

사랑하는 아내와 앞으로 태어날 아이의 모습을 가장 예쁘게 담을 수 있는 사람은 바로 남편이다. 그리고 그런 남편이 잡은 카메라 앞에서 아내는 가장 행복하고 사랑스러운 표정을 지을 수 있다. 이런 촬영이라면 자연스럽게 태교도 될 것이다.

아무런 무늬 없는 하얀 벽을 배경으로 임신한 아내의 모습을 찍어보자. 사랑하는 아내와 곧 태어날 뱃속의 아기, 세상에서 가장 소중한 두 사람의 모습만 카메라 앵글에 담는 것이다. 흰 배경이 없다면 벽에 걸린 커튼을 쳐서 활용해도 좋고, 근처 공원으로 가서 풀밭과 파란 하늘을 배경 삼아 찍어도 괜찮다.

드레스는 셀프웨딩촬영 때 입었던 것도 좋고 심플한 홈웨어도 괜찮다. 만삭사진은 여러 가지 소품들로 치장하면 더 부자연스러워 보인다. 그 어떤 화려한 장신구도 엄마가 된 여자의 몸보다 아름다울 수 없다.

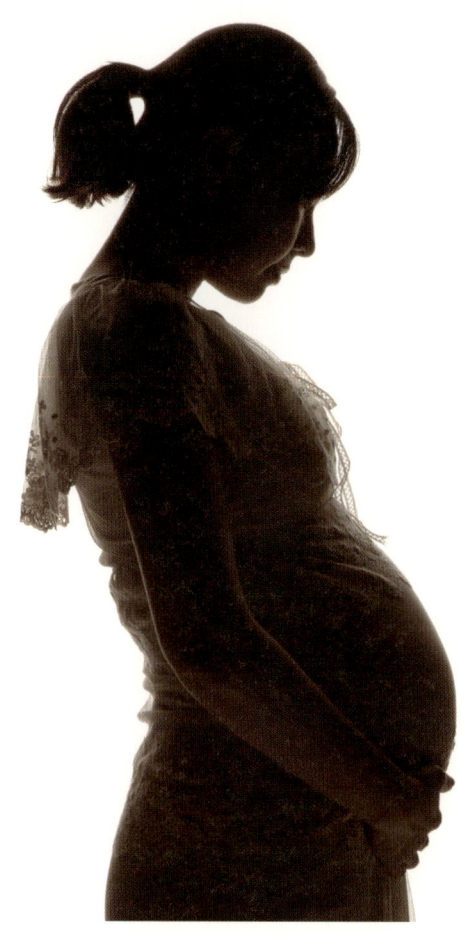

햇빛이 많이 들어오는 창문을 배경으로 역광을 이용해서 찍으면

헤어나 메이크업을 특별히 하지 않아도 되고

아름다운 실루엣이 강조돼 깔끔한 흑백 효과가 난다.

최고로 특별한 만남의 순간,
셀프아기촬영

일상의 순간들, 내 아이의 성장앨범이 되다

50일, 100일 등 특정일에만 아기가 성장하는 것이 아니다.
아기가 처음 목을 가눈 순간,
처음 뒤집기를 한 순간,
처음 두 다리로 일어선 순간 등
아기의 성장은 일상에서 예고 없이 일어난다.
그러한 진정한 성장 과정을 담은 아기앨범이라면
언제나 아기를 곁에서 지켜봐주는
엄마 아빠가 사진작가가 되어야 한다.
내 아이가 잠자고, 먹고, 웃는 순간순간을 사진으로 남겨보자.
고급 스튜디오에서 찍은 값비싼 성장앨범보다
훨씬 자세하고 다양한
내 아이의 기록을 남길 수 있을 것이다.

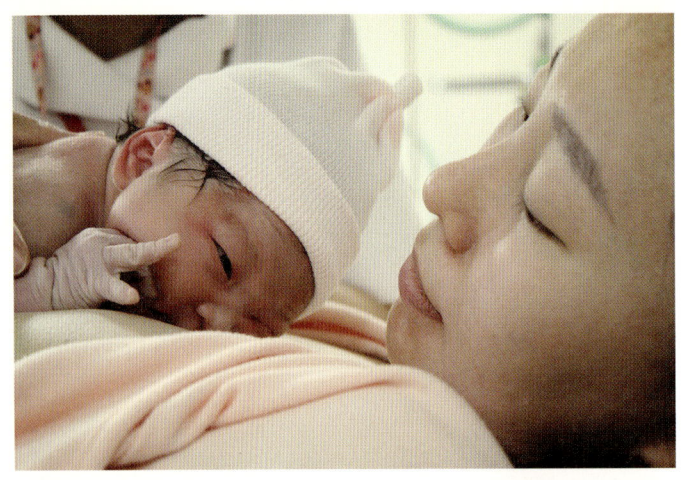

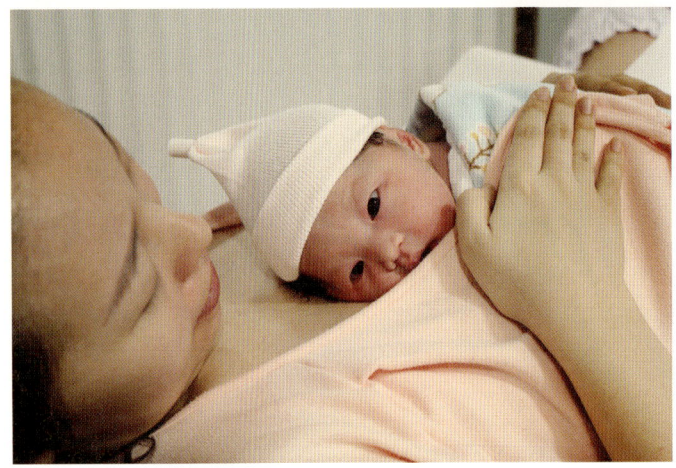

사랑하는 사람을 만나고,
하나가 되어 결혼을 하고,
사랑하는 이의 아이를 갖고,
이제는 한 아이의 엄마로서 삶을 살아간다.

빨갛고 작은 아기가
두 손을 꼭 쥐고
엄마의 젖을 찾아 무는 그 순간을
어찌 잊을 수 있을까.

바로 온 세상을 다 가진 듯한 기쁨의 순간이었다.

내 평생에서 가장 경이롭고 아름다운 순간,
세상에서 가장 소중한 아기 천사를 만난 그 순간.

아기의 생애 단 한 번뿐인 출산의 순간

아름답고 행복한 순간을 오래도록 생생하게 남길 수 있는 가장 쉬운 방법은 사진이다. 추억하고 싶은 순간이 있다면, 남겨놓고 싶은 기억이 있다면 주저하지 말고 카메라를 꺼내들자.

나는 지금도 출산 사진을 보면 그때의 감동이 생생하게 떠올라 눈물이 고이고 만다. 특히 출산의 그 순간은, 인생 최고의 감동과 뿌듯함을 안겨준 순간이었다. 세상 빛을 처음 본 내 아이의 모습, 그런 아이를 품에 꼭 안은, 엄마가 된 내 모습을 남편에게 꼭 남겨달라고 부탁해보자.

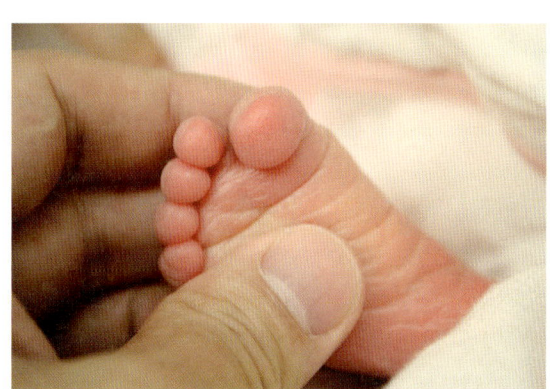 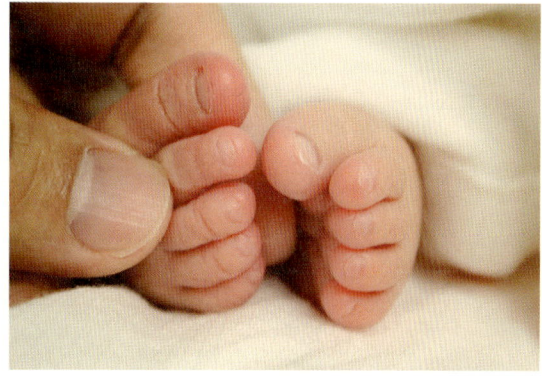

순도 100퍼센트 웃음을 사진에 담다

아기는 굉장히 예민해서 날씨, 장소, 실내 온도나 습도 등 환경의 영향을 많이 받는다. 요즘 많은 아기들이 50일 촬영, 100일 촬영, 200일 촬영, 돌 촬영 등 기념일만 되면 스튜디오에서 촬영을 한다. 하지만 낯선 베이비스튜디오에 적응하지 못해 계속 울기만 하는 아기도 있고, 타이밍을 놓쳐 촬영할 시간 내내 곤히 잠만 자는 아기도 있다. 그뿐 아니라 낯선 환경 때문에 자연스러운 웃음을 사진에 담아내지 못하거나, 장시간 촬영을 하고 크게 앓는 경우도 있다. 예쁜 모습을 사진에 담고 싶은 엄마 아빠의 욕심만큼 아이는 움직여주지 않는다.

하지만 아기에게 가장 친숙하고 편안한 공간인 집에서 촬영을 한다면 자연스럽고 예쁜 모습을 더 쉽게 담아낼 수 있을 것이다. 아기가 가장 기분 좋은 시간에, 낯선 사진작가가 아니라 엄마 아빠를 보면서 웃음 짓는 모습이야말로 가장 담을 만한 가치가 있는 장면이지 않을까?

특별한 배경, 화려한 의상이 무슨 필요 있을까?
우주에서 가장 빛나는 별이 바로 내 아기인데…….

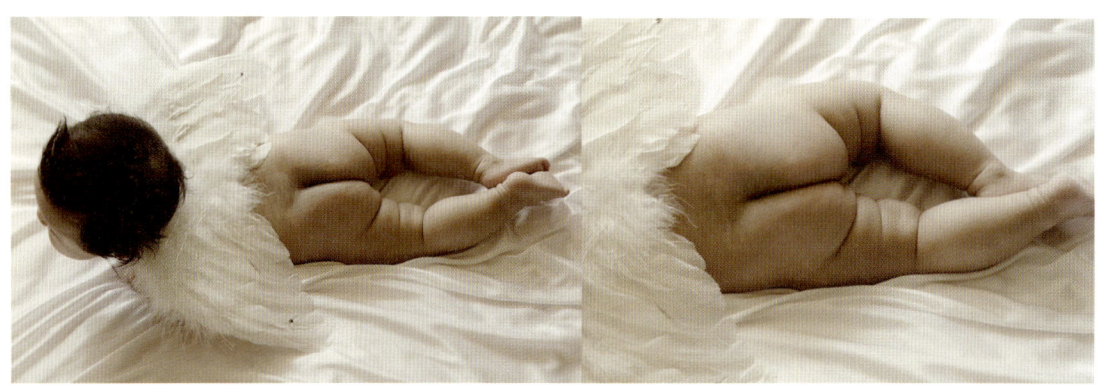

아기는 그 자체로도 빛이 난다.
아기의 존재만으로 사진은 충분히 아름답고 멋지다.

푹신한 이불 위에 하얀 공단 한 마를 깔고
우리 아기에게 어울리는 날개 한 쌍 달아주면
뭉게구름 위를 떠다니는 귀여운 아기천사가 된다.

감성 세 스푼, 사랑 다섯 스푼, 특별함 두 스푼,
셀프가족촬영

진정한 가족사진을 찍으려면

웬만한 가정집이면 하나쯤 걸려 있는 가족사진을 보자.
비스듬히 각을 잡고 앉아 있는 엄마와 아빠, 그 뒤에 우뚝 서 있는 자녀들.
어색한 웃음, 경직된 포즈로 카메라를 보는 가족사진이
전형적인 가족사진이었다.
아마 이 공식화된 포즈와 표정은 전국 어느 스튜디오를 가나 똑같을 것이다.
여행을 떠난 가족이 남긴 사진은 어떨까?
장담컨대 80퍼센트 이상은 일렬로 혹은
부모가 뒤에, 자녀가 앞에 서서 멍한 표정으로 남긴 사진일 것이다.
대부분 사진의 주인공도 가족이 아니라 여행지인 배경이다.

지금까지 이런 틀에 박힌 사진들만 찍어왔다면,
조금 생각을 바꿔서 우리 가족이 중심이 되는 가족사진을 남겨보자.
배경은 어디까지나 배경일 뿐,
가족사진의 주인공은 무조건 우리 가족이어야 한다.
우리 가족이 주인공인 사진을 남기는 것은 결코 어렵지 않다.
배경과 우리 가족이 얼마나 잘 어우러지는지를 고민하기보다
가족의 어떤 모습을 담을지를 고민하며 카메라 초점을 맞춰보자.
배경으로 삼은 건물이 잘리는 것은 신경 쓰지 않아도 된다.
우리 가족의 해맑은 미소만 사진에 잘 담긴다면.

당신의 품에 안긴 귀여운 아기는
이제 당신과 나를 이어주는 가장 소중한 연결고리.
그래서 우리는 가족입니다.

작은 카메라 앞에 세 사람이 섰다.
각자 다른 곳을 바라보고 있지만
우리는 가족이라는 동일한 웃음을 짓고 있다.

交感_

우리는 곁에 있는 소중한 순간들을 참 많이 놓치고 있을지도 모른다.

아기가 나와 이마를 맞댄 그 순간이 얼마나 따스했는지.
내 목걸이를 만지작거리는 아이의 손길이 얼마나 보드라웠는지.
내 아이가 뿜어내는 잔잔한 숨결이 얼마나 포근했는지.
나를 꼭 닮은 속눈썹 하나하나가 얼마나 섬세했는지.

그 순간 말로 표현하지 못했던 아이와 나의 무수한 교감들이
얼마나 아름다웠는지.

일상의 작은 행복,
우리 가족의 가장 소중한 사진이 되다

하루 세 번의 식사. 그 흔한 시간 속에도, 추억은 남는다.
아이가 유난히 좋아하는 이유식을 만드는 날이면
엄마는 준비할 때부터 신이 난다.
숟가락에 먹기 좋게 덜어 아이 입에 갖다 댄다.
아이가 '아' 하고 입을 크게 벌리며 이유식을 받아먹는 순간,
엄마는 자신이 이 세상 온갖 산해진미를 맛본 것보다
더 큰 기쁨을 만끽한다.
신이 난 아기와 행복한 엄마,
그런 둘의 모습을 사진에 담아내는 아빠.
이런 소소한 일상들이 돌아보면 가장 소중한 가족사진으로 남는다.

우리나라 셀프웨딩촬영 추천 장소 100

서울특별시

북서울 꿈의숲	강북구 번동 산 28-6	02-2289-4001	dreamforest.seoul.go.kr
0907스튜디오	마포구 성산동 108-9	02-324-0907	www.0907st.com
서울숲	성동구 뚝섬로 273	02-460-2905	parks.seoul.go.kr/seoulforest
올림픽공원	송파구 방이동 88	02-410-1114	www.olympicpark.co.kr
문래예술공단	영등포구 문래동3가		
선유도	영등포구 양화동 95	02-3780-0590	
502스튜디오	용산구 한남동 50-2	010-2210-7780	www.502studio.kr
창덕궁	종로구 율곡로 99	02-762-8261	www.cdg.go.kr

인천광역시

온수리교회	강화군 길상면 온수리 505	032-937-0005	
109하우스	강화군 양도면 건평리 655-23	032-937-8109	109house.com
아띠하우스	강화군 양사면 덕하리 124-5	032-932-6512	www.attihouse.com
그림 속 바다	강화군 화도면 사기리 260-1	017-327-8385	www.seain.x-y.net
게스트하우스 무무	강화군 화도면 사기리 98-2	010-7180-9065	www.mumuhouse.com

경기도

아침고요수목원	가평군 상면 수목원로 432	1544-6703	www.morningcalm.co.kr
데일스포드오가닉	고양시 덕원구 신원동 313-2	02-381-2600	
구리한강시민공원	구리시 토평동	031-550-2107	
남양주종합촬영소	남양주시 조안면 삼봉리 100	031-579-0600	studio.kofic.or.kr
미리내성지	안성시 양성면 미산리 141	031-674-1256	www.mirinai.or.kr
안양예술공원	안양시 만안구 석수동 산21	031-389-5551	
장흥조각공원	양주시 장흥면 석현리 394		
물향기수목원	오산시 수청동 332-4	031-378-1261	mulhyanggi.gg.go.kr
벽초지수목원	파주시 광탄면 창만리 166-1	031-957-2004	www.bcj.co.kr
파주출판도시	파주시 문발동 524-3	031-955-0050	www.pajubookcity.org
임진각	파주시 문산읍 마정리 1325-1	031-953-4744	

해피하우스 산토리니	화성시 서신면 송교리 798-8	010-8619-1254	www.hhsantorini.com
우음도	화성시 송산면 고정리		
어섬	화성시 송산면 고포리 828-8	031-357-0000	
강원도			
경포대	강릉시 안현동 산1	033-640-5129	
낙산해수욕장	양양군 강현면 주청리 1	033-670-2518	
하조대	양양군 현북면 하광정리	033-670-2516	
인제 자작나무숲	인제군 인제읍 원대리 67		
하이원리조트	정선군 사북읍 하이원길 265	1588-7789	www.high1.com
남이섬	춘천시 남산면 방하리 198	031-580-8114	www.namisum.com
제이드가든	춘천시 남산면 서천리 산111	033-260-8300	
대관령 양떼목장	평창군 대관령면 횡계리 14-104	033-335-1966	www.yangtte.co.kr
마리안느의 정원	홍천군 서면 팔봉강변길 40	033-433-1111	www.themarianne.net
모모의 다락방	횡성군 둔내면 마암리 211	033-342-7735	www.momoloft.com
대전광역시			
신탄진 메타세쿼이아길	대덕구 목상동 신구교 부근		
우암사적공원	동구 가양동 65	052-673-9286	
아주미술관	유성구 화암동 195	042-863-0055	www.asiamuseum.asia
사정공원	중구 사정동		
충청북도			
보은 원정리 느티나무	보은군 마로면 원정리		
리솜포레스트	제천시 백운면 금봉로 365	043-649-6000	www.resomforest.com
제천기도동산	제천시 백운면 덕동리 197-1	043-651-6429	sjprayer.sarang.org
방죽골	청원군 문의면 남계2리		
청남대	청원군 문의면 신대리 산26-1	043-220-6412	chnam.cb21.net
수암골	청주시 상당구 수동 1		
충청남도			
신성리 갈대밭	서천군 한산면 신성리	041-950-4224	
삼거리공원	천안시 동남구 삼룡동 306	041-521-6342	

바다가 쓴 시	태안군 고남면 고남리 1780	011-9906-5046	www.seapoem.co.kr
소소하우스	태안군 남면 양잠리 1230-86	041-674-5700	www.sosohouse.co.kr
천리포수목원	태안군 소원면 천리포1길 187	041-672-9982	www.taekids.com

부산광역시

기장 드림성당	기장군 기장읍 죽성리		
키딩스튜디오	동래구 사직동 50-4	051-501-5078	www.ikidding.com
삼락강변체육공원	사상구 삼락동 686	051-303-0008	
을숙도	사하구 하단동	051-209-2035	
송정해수욕장	해운대구 송정동 712-2	051-749-4000	
청사포	해운대구 중1동		

대구광역시

달성습지	달성군 다사읍 죽곡리		
동산선교사주택	중구 동산동 424		

울산광역시

울산대공원	남구 대공원로 94	052-271-8816	www.ulsanpark.com
대왕암공원	동구 일산동 산907	052-209-3754	
태화강생태공원	중구 태화동		

경상북도

경상북도산림환경연구원	경주시 배반동 1030-1	054-778-3813	
라끄베르	경주시 하동못안길 63	010-2870-2202	www.ilacvert.com
락고재	안동시 풍천면 하회리 695	054-857-3410	www.rkj.co.kr
영덕 블루로드	영덕군 영덕읍 군청길 116	054-730-6514	blueroad.yd.go.kr

경상남도

마루와 아라	남해군 남면 홍현리 1428-21	055-862-4100	www.maruwaara.com
물건마을	남해군 삼동면 물건리	055-867-0997	
오픈하우스비	양산시 원동면 선리 170	070-8286-3373	www.openhouseb.co.kr
경상남도수목원	진주시 이반성면 대천리 482-1	055-771-6541	
주남저수지	창원시 의창구 동읍 대산면 일원	055-225-3481	junam.changwon.go.kr
바람흔적미술관	합천군 가회면 중촌리 216-3	010-6334-6709	
합천영상테마파크	합천군 용주면 가호리 418		

광주광역시

카페 나른한 오후	동구 지산동 193-4	062-223-1402	blog.naver.com/96124455
중외공원	북구 운암동 164	062-613-7124	

전라북도

고창청보리밭	고창군 공음면 선동리 산119-1		
남원 향기원	남원시 동충동 795-1		
조경단	전주시 덕진구 덕진동1가 산 28	063-281-2790	
한국도로공사수목원	전주시 덕진구 반월동 848	063-212-0652	arvoreturn.ex.co.kr
아중저수지	전주시 덕진구 우아동1가		
폼 포토카페	전주시 완산구 고사동 361-1	063-271-0757	café.naver.com/pomphotocafe
전주한옥마을	전주시 완산구 노송광장로 10길	063-281-2114	
경기전	전주시 완산구 풍남동3가 102	063-232-6293	
옥정호 구절초테마공원	정읍시 산내면 매죽리	063-539-6170	

전라남도

담양 메타세쿼이아 길	담양군 담양읍 학동리 578-4	061-380-3154	
목포 평화광장	목포시 상동		
대한다원	보성군 보성읍 봉산리 1288-1	061-852-4540	
일일레저타운	순천시 송광면 월산리 830	061-755-4545	café.daum.net/greende
둔동마을	화순군 동복면 연둔리		

제주특별자치도

방주교회	서귀포시 안덕면 상천리 427	064-794-0611	bangjuchurch.org
오설록 티 뮤지엄	서귀포시 안덕면 서광리 1235-3	064-794-5312	
씨에스호텔	서귀포시 중문동 2563-1	064-735-3000	www.seaes.co.kr
비자림	제주시 구좌읍 평대리 3164-1	064-783-3857	
애월초등학교 더럭분교	제주시 애월읍 하가리 1580-1	064-799-0515	
우도	제주시 우도면	064-728-4333	
사려니숲길	제주시 조천읍	064-730-7272	
성이시돌목장	제주시 한림읍 금악리 142	064-796-0396	
그리스신화박물관	제주시 한림읍 금악리 산30-12	064-773-5800	www.greekmythology.co.kr
협재해수욕장	제주시 한림읍 협재리 2497-1	064-796-2404	

셀프웨딩촬영에 도움이 되는 좋은 곳

하루드레스

www.harudress.com
합리적인 가격으로 나만의 드레스를 소장할 수 있는 곳. 심플하고 내추럴한 드레스 쇼핑몰

마루와아라

www.maruwaara.com
북유럽 감성부터 빈티지 감성까지 여러 가지 콘셉트별 촬영이 가능한 펜션
주소 : 경상남도 남해군 남면 홍현리 1428-21
연락처 : (055)862-4100

MandW(엠앤더블유)

www.mandw.co.kr
남녀의류를 중심으로 색다른 커플 스타일을 추구하는 시밀러 룩 온라인 스토어. 같이 입어도, 각자 입어도 자연스럽게 스타일링할 수 있는 것이 장점

봄날피오니

www.bomnalpeony.com
봄날, 향기 가득 퍼지는 그녀의 작약. 로맨틱한 웨딩 액자와 포토테이블이 가득한 웨딩준비 토털사이트

아그레아블

www.agreable-flower.com
빈티지하면서도 내추럴한 스타일의 데코소품. 플로리스트의 감각적인 디자인과 고급스러운 조화가 어우러진 조화 웨딩 부케가 인기

민트나무작업실

www.mintnamoo.com
민트향 감성이 열리는 나무. 아기자기한 액자와 덕담카드, 앨범 등 포토 관련 싱품 쇼핑몰

달콤한 설탕공장

www.sweetsugarfactory.com
셀프웨딩의 잇아이템, 나만의 특별한 케이크. 달달한 감성이 묻어나는 슈가케이크와 클레이케이크 쇼핑몰

어느 멋진 날 나만의 특별한 셀프웨딩촬영

초판 1쇄 인쇄 2014년 10월 24일
초판 1쇄 발행 2014년 11월 7일

지은이 | 지아꼬(양지아)·규호짱(이규호)

펴낸이 | 박도영
편집장 | 천명애
디자인 | 디자인 이브

발행처 (주)케이앤피북스
　　　　브랜드 | 소란
　　　　등록번호 | 제300-2011-120호

　　　　주소 | 서울 종로구 자하문로 108 백악빌딩 4층
　　　　문의 | 02-737-5252
　　　　팩스 | 02-359-5885
　　　　e메일 | soranbook@naver.com
　　　　블로그 | soranbook.blog.me

ISBN 978-89-6420-069-8(13660)

* 소란은 (주)케이앤피북스의 단행본 브랜드입니다.
* 이 책은 저작권법에 의해 보호받는 저작물입니다.
  저자와 소란의 허락 없이 내용의 일부를 인용하거나 발췌하는 것을 금합니다.
* 사진협조에 응해주신 배민영, 김보영, 김보라, 서해숙, 박정은, 강연희, 이선아, 이슬기, 권지혜 님께
  진심으로 감사드립니다.